お弁当は「ワンパターン」でいい！

藤井弁当

藤井 恵

Gakken

15年間作り続けた結論！

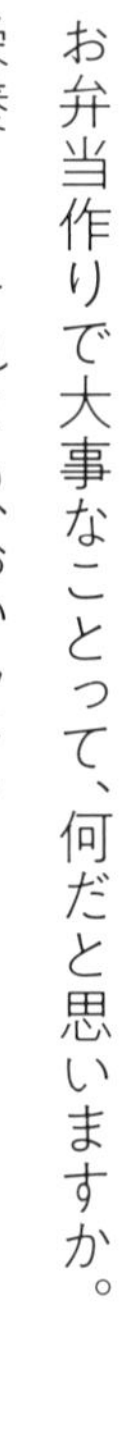

お弁当作りで大事なことって、何だと思いますか。
栄養？　それとも、おいしさ？
もちろん、どちらも大事です。

でも、本当に大事なことは
「作り続ける」ことではないでしょうか。

●家族の体が心配で、お弁当を作ろうと思った
●家計のことを考えて、外食から手作り弁当に切り替えた
●自分で作るほうがおいしいし、何かと安心だから
……など、お弁当生活を始める理由は人それぞれですが、
どのお弁当にも共通することは

「たった1回の特別な食事」ではなく、
「毎日続くごはん」であるということ。

だからこそ、ストレスなく
続けられることが一番大事だと思うんです。

どうすれば、ストレスなく
毎日作り続けることができるのか。
試行錯誤して私が出した答えは、
「お弁当作りをパターン化すること」。

朝起きて顔を洗う、歯を磨くといった「日課」と同じように
お弁当も、いつも同じパターンで作る。
そうすると、体がお弁当作りを覚えていくんです。

お弁当は
ワンパターンでいい。

使うのは卵焼き器だけ。

私にとって、お弁当作りのパターン化に欠かせない道具。
それが、卵焼き器です。
これひとつで、主菜も副菜も、もちろん卵焼きもすべて作ります。

卵焼き器をおすすめする理由

- （当然ですが）卵焼きが上手に作れるから。フライパンよりも簡単に形よく作れます。
- 1人分の野菜をゆでる、肉や魚介を焼く・炒める・煮ることができます。揚げものは難しいけれど、揚げ焼きくらいならできます。
- 普通のフライパンよりも小さくて熱が伝わりやすいので、調理の時短にもなります。
- 道具ひとつで作るので、後片付けがラクです。

私が使っている卵焼き器はコレ！

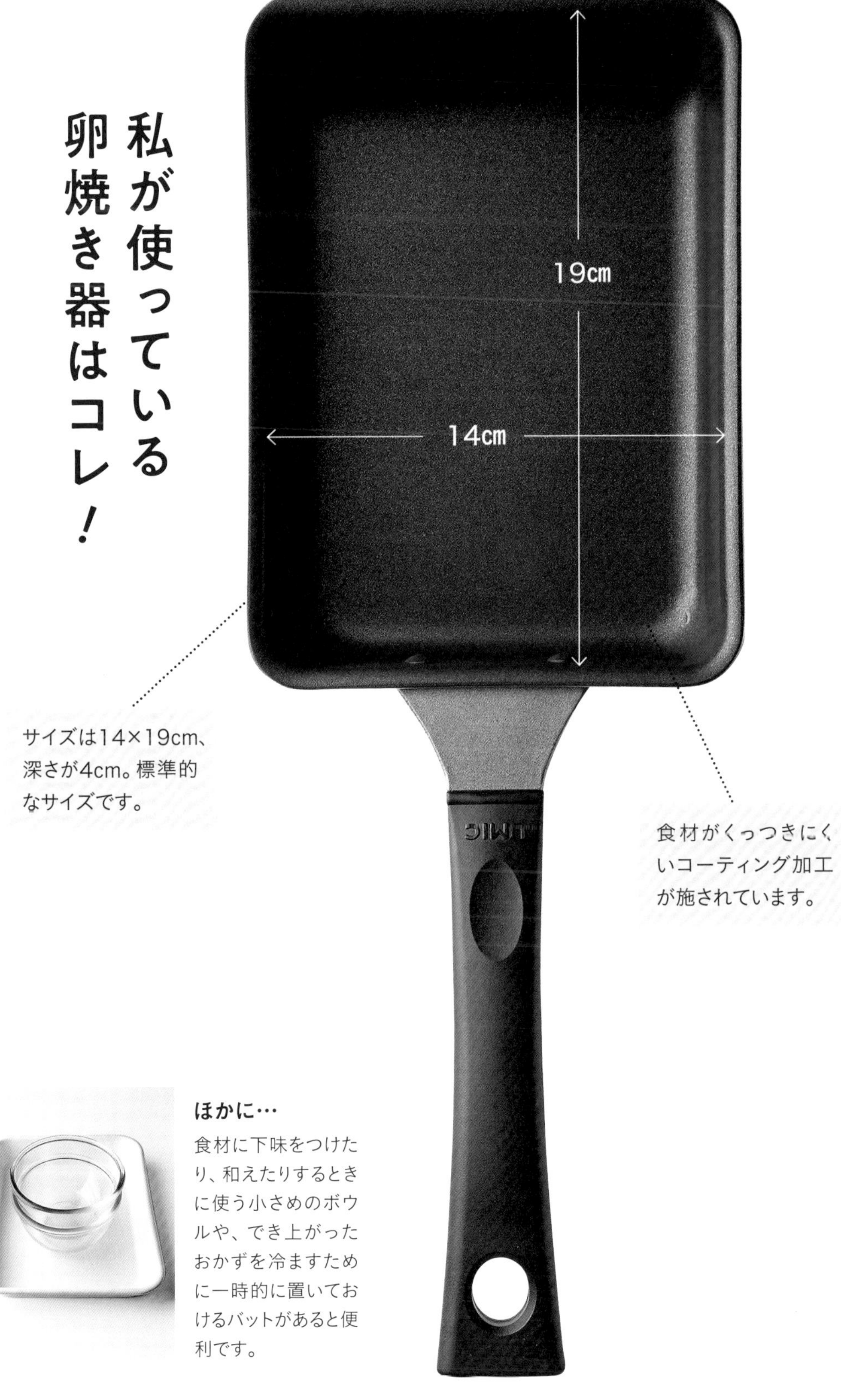

サイズは14×19cm、深さが4cm。標準的なサイズです。

食材がくっつきにくいコーティング加工が施されています。

ほかに…

食材に下味をつけたり、和えたりするときに使う小さめのボウルや、でき上がったおかずを冷ますために一時的に置いておけるバットがあると便利です。

おかずは3品。おもな食材は3つだけ。

おかず3品とは、肉や魚介の主菜、野菜の副菜、卵焼きのこと。卵焼き器を使ったおかず3品の作り方は、ざっくりこんな感じです。

1

お湯を沸かして、野菜をゆでます。

ゆでた野菜を調味料で和えれば副菜が完成です。

2

お湯を捨て、今度は卵焼きを作ります。

卵を焼いても卵焼き器はほとんど汚れないので、そのまま次の調理へ。

3

最後に肉や魚介で主菜を作ります。

これを日々繰り返します。

料理が苦手でも、忙しくても、
シンプルな3ステップなら、何だかできそうな気がしませんか。

使う食材も、野菜1・卵1・肉(または魚介)1と、全部で3種類。
少ないので下ごしらえの時間がかかりません。
味つけもキッチンにある調味料でごくシンプルに。

でも、でき上がったお弁当を見てみてください。
栄養バランスもなかなかよさそうだし、おいしそうでしょう？

15年かけて編み出した〝藤井弁当〟。あなたも試してみませんか。

目次

PART 3
卵焼き器で作る1品目。
野菜のおかず集

PART 4
卵焼きとアレンジレシピ
卵焼き器で作る2品目。

番外編
時間がない日。元気がない日。卵焼き器でどんぶり弁当

この本のきまり

お弁当のこと

弁当箱は約500mlのものを使っています。

幼稚園児や食べ盛りの男子学生以外は、このくらいの容量を目安にするとよいでしょう。

ご飯は150g詰めています。

お茶碗1杯分くらいと覚えておくと簡単です。

前日余裕があれば、野菜をゆでておくとさらにラク。

あらかじめゆでておけば、「湯を沸かす」「野菜を切る」「ゆでる」という3工程が省けます。生活スタイルに合わせてできることをやっておくのも、お弁当作りが長続きするポイント。

おろししょうがやおろしにんにくは「チューブタイプ」でもかまいません。

しょうがもにんにくも、おろしたてのほうが断然風味がよいですが、お弁当作りは時間との勝負。手間がかからず、洗いものも出ない市販のチューブタイプを使い、効率よく作るのも長続きのコツです。

おかずの組み合わせ例を紹介しています。

PART2の「肉と魚介のおかず集」では、それぞれのおかずに合う副菜を紹介しています（もちろん、おすすめしたもの以外にも、合う副菜が多数あります）。お弁当のおかずの組み合わせを考えるときの参考にしてください。お弁当の詰め方の参考にもなります。

表記のこと

- 大さじ1＝15ml、小さじ1＝5ml、カップ1＝200mlです。

道具のこと

- 卵焼き器はコーティング加工を施してあるものを使用しています。大きさは5ページを参照してください。
- 電子レンジの加熱時間は600Wを基準にしています。500Wなら1.2倍、700Wなら0.8倍の時間で加熱してください。なお、機種により加熱時間が多少異なるので、取扱説明書の指示に従い、様子を見ながら加減してください。

調味料のこと

- 塩は「自然塩」を使っています。精製塩や塩けの強い塩を使っている場合は、分量よりも少なめにし、味を見て調整してください。
- しょうゆは「濃い口しょうゆ」、オリーブ油は「エクストラ・ヴァージン・オリーブオイル」を使用しています。

作り方のこと

- 本書のレシピでは、食材を洗う工程を済ませてからの手順を紹介しています。適宜おこなってください。
- 火加減は、ことわりがない限りすべて中火です。

まずはお試し5日間！

卵焼き器で“藤井弁当”を体験

弁当箱にご飯を詰めて、

⇩

卵焼き器に湯を沸かす。

⇩

野菜、卵、肉（または魚介）の
下ごしらえをしたら、

⇩

野菜をゆでて和え、

⇩

卵を焼いて

⇩

肉（または魚介）を調理する。

⇩

卵焼きを切って、
弁当箱におかずを詰める。

5日間、これを繰り返してみましょう。

すると、不思議なことに、「体」がお弁当作りを覚え始めます。

もしも、実感がわかないようなら、

もう一度同じお弁当を5日間作ってみてください。

筋トレのように、じわじわと効いてくるはずです。

お弁当1

▼鶏肉の塩こしょう焼き
▼塩ゆでブロッコリー
▼甘辛卵焼き

鶏肉に塩、こしょうをして焼いただけ。
ブロッコリーを塩ゆでしただけ。
卵焼きは砂糖としょうゆで甘辛味に。
“藤井弁当”のトップバッターを飾るのは、
シンプル、かつ、しみじみおいしいと
感じるお弁当です。

準備

●ご飯を詰める
おかずを作る前に温かいご飯を弁当箱に平らに詰め、そのまま置いて冷ましておく。

●湯を沸かす
卵焼き器に水カップ1、塩小さじ1を入れて沸かす。

鶏肉の塩こしょう焼き
材料（1人分）
鶏もも肉…1/3枚（80g）
塩…ふたつまみ（小さじ1/5）
こしょう…少量
サラダ油…小さじ1/2

塩ゆでブロッコリー
材料（1人分）
ブロッコリー…1/6株（60g）
塩…小さじ1

甘辛卵焼き
材料（1人分）
卵…1個
A 水…大さじ1
A 砂糖…大さじ1/2
A しょうゆ…小さじ1/3
サラダ油…小さじ1/2

＼スタート！／

1 下ごしらえ

ブロッコリーは小房に分ける。

ボウルに**A**を入れて混ぜ、卵を加えて溶きほぐす。

鶏肉はひと口大に切り、ボウルに入れて塩、こしょうを絡める。

2 ブロッコリーをゆでる

沸騰した湯にブロッコリーを入れ、ときどき箸で返しながら1分30秒ゆでる。ゆで上がったらペーパーを敷いたバットに取り出して冷ます。

3 卵焼きを作る

（詳しい作り方はP.104〜105）

卵焼き器の湯を捨てて強めの中火にかけ、サラダ油小さじ¼を薄くひく。卵液の半量を入れて全体に広げ、表面が乾いてきたら手前に巻く。

もう一度サラダ油小さじ¼を薄くひいて残りの卵液を入れて広げ、表面が乾いてきたら手前に巻き、バットに取り出して冷ます。

4 鶏肉を焼く

卵焼き器にサラダ油を熱し、鶏肉を皮を下にして入れ、へらで押しながら焼く。こんがりと焼き色がついたら返して3～4分焼き、バットに取り出して冷ます。

5 卵焼きを切る

卵焼きを3等分に切る。

6 弁当箱に詰める

はじめに卵焼きを入れて

次に鶏肉を詰め、

すき間にブロッコリーを
ぎゅっと詰める。

ご飯もおかずも
冷ましてあるから、
時間をおかずに
ふたをしても大丈夫！

でき上がり！

お弁当2

▼ポークチャップ
▼塩ゆでアスパラ
▼バター風味の卵焼き

ケチャップで香ばしく焼いた
豚肉が主役。
卵焼きはバターで焼いて
オムレツ風味に。

バター風味の卵焼き

材料（1人分）

卵…1個

A ┌水…大さじ1
　│砂糖…大さじ½
　└しょうゆ…小さじ⅓

バター…5g

塩ゆでアスパラ

材料（1人分）

グリーン
　アスパラガス…2本

塩…小さじ1

ポークチャップ

材料（1人分）

豚ロース薄切り肉
　…4枚（80g）

トマトケチャップ
　…大さじ2

しょうゆ…小さじ1

サラダ油…小さじ½

準備

●湯を沸かす

卵焼き器に水カップ1、塩小さじ1を入れて沸かす。

●ご飯を詰める

ご飯を弁当箱に平らに詰め、そのまま置いて冷ます。

スタート！

1 下ごしらえ

アスパラガスは3～4cm長さに切る。

根元の固い皮はピーラーでむいて

▼

Aを混ぜ、卵を加えて溶きほぐす。

▼

豚肉はケチャップ、しょうゆを絡める。

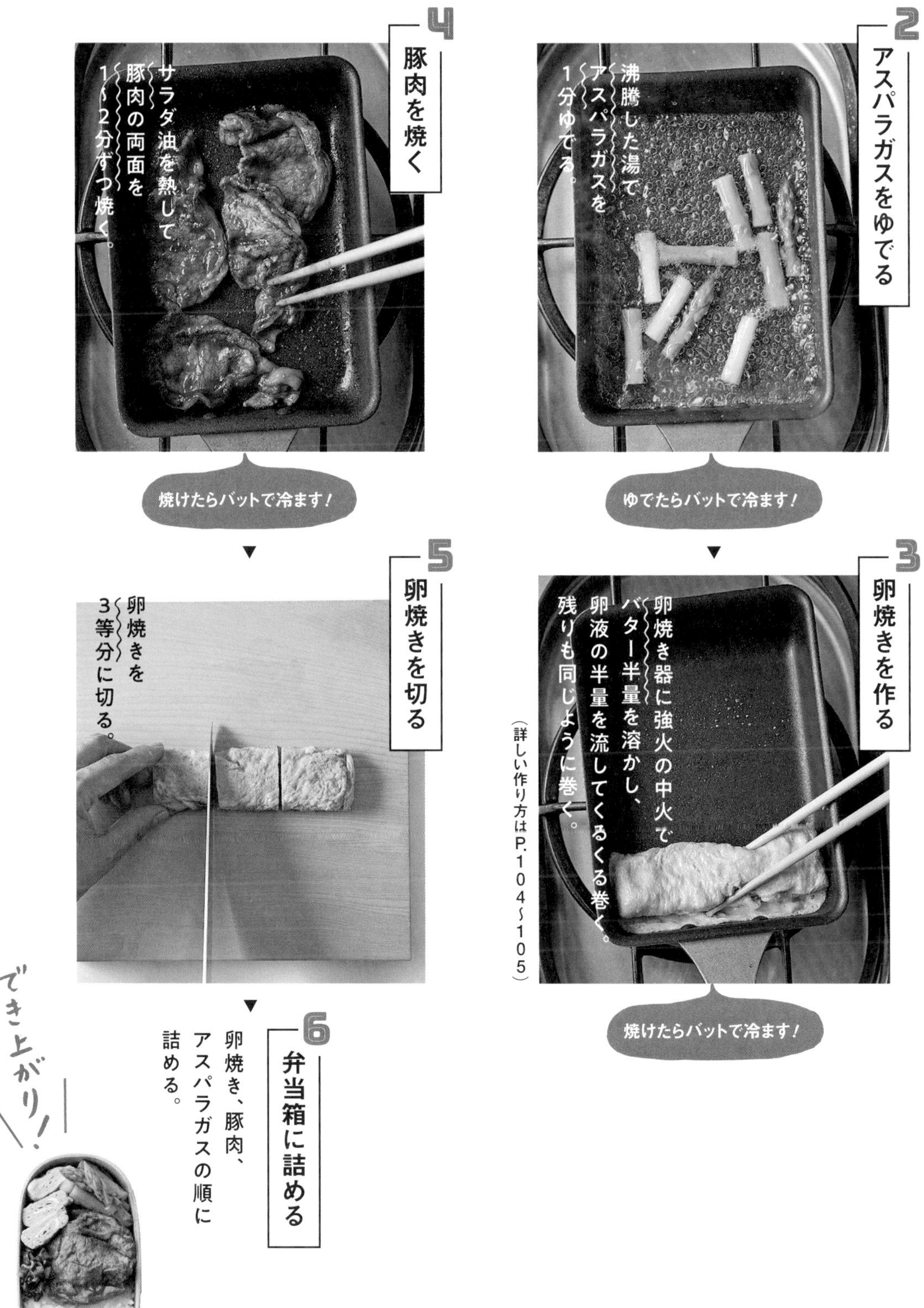

2 アスパラガスをゆでる

沸騰した湯でアスパラガスを1分ゆでる。

ゆでたらバットで冷ます！

3 卵焼きを作る

卵焼き器に強火の中火でバター半量を溶かし、卵液の半量を流してくるくる巻く。残りも同じように巻く。

（詳しい作り方はP.104～105）

焼けたらバットで冷ます！

4 豚肉を焼く

サラダ油を熱して豚肉の両面を1～2分ずつ焼く。

焼けたらバットで冷ます！

5 卵焼きを切る

卵焼きを3等分に切る。

6 弁当箱に詰める

卵焼き、豚肉、アスパラガスの順に詰める。

でき上がり！

お弁当3

▼塩ざけ焼き
▼いんげんのおかか和え
▼ごま油香る卵焼き

酒をまぶすから、
さけがふっくら。
いんげんはおかかで和えて、
純和風弁当に。

1 下ごしらえ

スタート!

さやいんげんは長さを3〜4等分に切る。

へたは切って!

▼

Aを混ぜ、卵を加えて溶きほぐす。

▼

さけは半分に切り、酒をまぶす。

ごま油香る卵焼き
材料(1人分)
卵…1個
A［水…大さじ1
　 塩…ひとつまみ(0.5g)
ごま油…小さじ½

いんげんのおかか和え
材料(1人分)
さやいんげん…5本
しょうゆ…小さじ½
削り節…⅓袋(1g)

塩ざけ焼き
材料(1人分)
甘塩さけ…1切れ
酒…小さじ1
サラダ油…小さじ½

準備

●湯を沸かす
卵焼き器に水カップ1を入れて沸かす。

●ご飯を詰める
ご飯を弁当箱に平らに詰め、そのまま置いて冷ます。

2 いんげんのおかか和えを作る

沸騰した湯でさやいんげんを2分ゆでる。

水けをきってしょうゆ、削り節で和える。

そのまま冷ます！

3 卵焼きを作る

卵焼き器にごま油小さじ¼を強めの中火で熱し、卵液の半量を流してくるくる巻く。残りも同じように巻く。

（詳しい作り方はP.104〜105）

焼けたらバットで冷ます！

4 さけを焼く

サラダ油を熱してさけの両面を3分ずつ焼く。

焼けたらバットで冷ます！

5 卵焼きを切る

卵焼きを3等分に切る。

6 弁当箱に詰める

卵焼き、さけ、さやいんげんの順に詰める。

＼できあがり！／

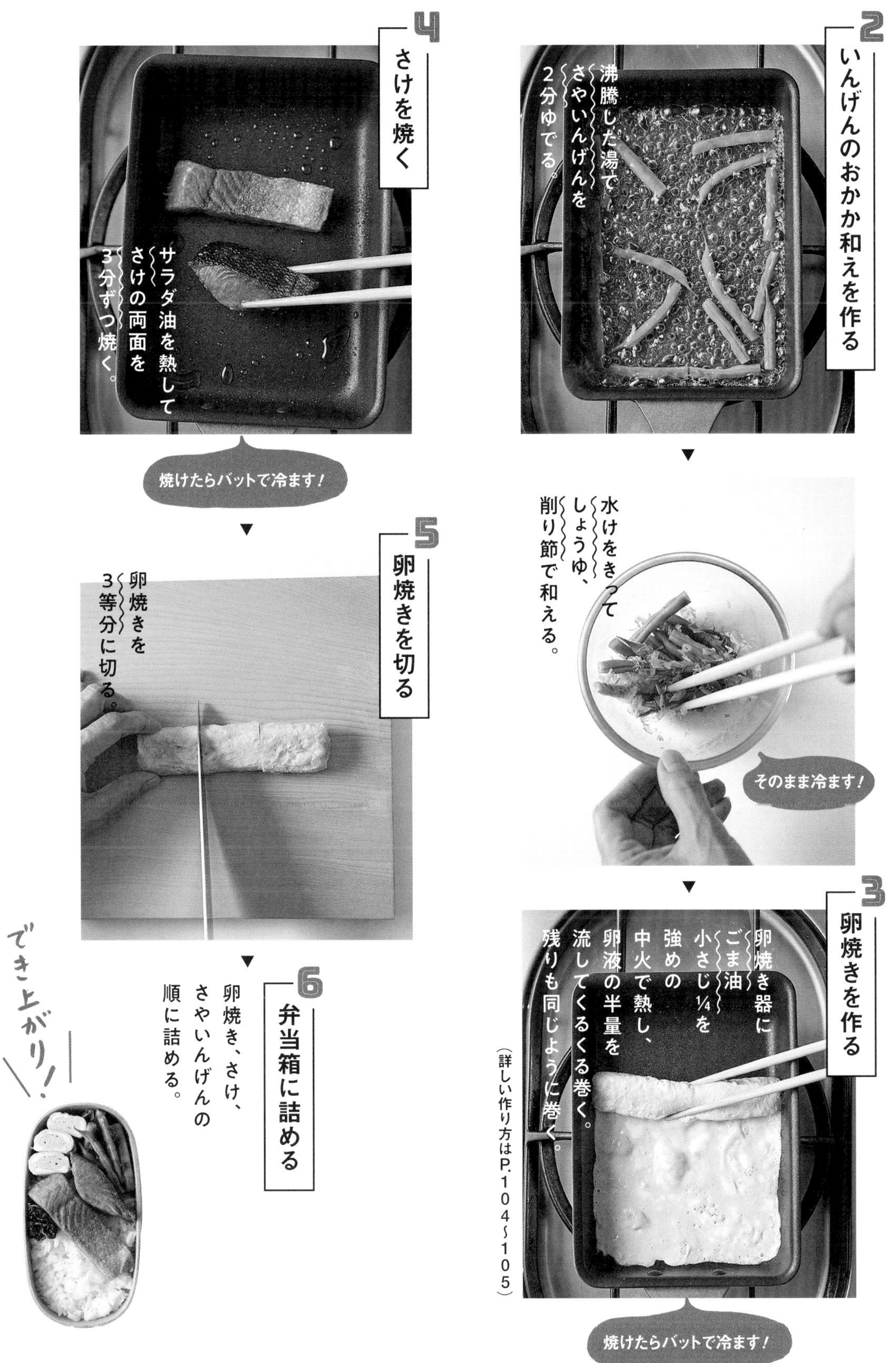

お弁当4

▼豚肉のしょうが焼き
▼キャベツナムル
▼オリーブ油風味の卵焼き

ご飯がすすむ人気おかずを
お弁当にも。
せん切りキャベツの
代わりにナムルを。

1 下ごしらえ

スタート！

キャベツは小さめのひと口大に切る。

固い芯は切って！

▼

Bを混ぜ、卵を加えて溶きほぐす。

▼

豚肉はAを絡める。

オリーブ油風味の卵焼き

材料（1人分）
卵…1個
B ┌水…大さじ1
　└塩…ひとつまみ（0.5g）
オリーブ油…小さじ½

キャベツナムル

材料（1人分）
キャベツ
　…2枚（100g）
塩…小さじ1
ごま油…少量

豚肉のしょうが焼き

材料（1人分）
豚ロース薄切り肉
　…4枚（80g）
A ┌しょうゆ…小さじ2
　│みりん…小さじ1
　└おろししょうが…小さじ1
サラダ油…小さじ½

準備

●湯を沸かす
卵焼き器に水カップ1、塩小さじ1を入れて沸かす。

●ご飯を詰める
ご飯を弁当箱に平らに詰め、そのまま置いて冷ます。

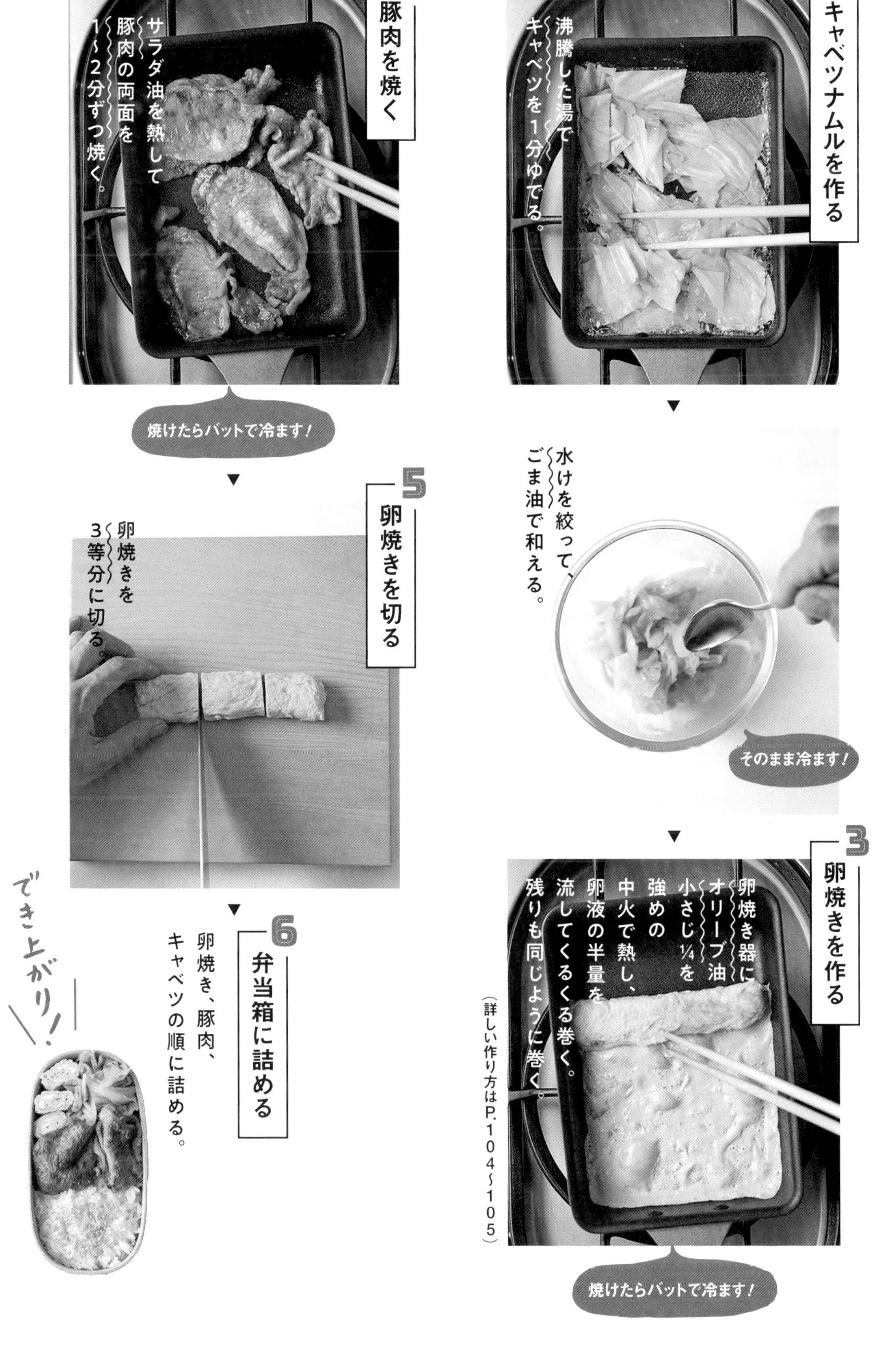

2 キャベツナムルを作る

沸騰した湯でキャベツを1分ゆでる。

水けを絞って、ごま油で和える。

3 卵焼きを作る

卵焼き器にオリーブ油小さじ¼を強めの中火で熱し、卵液の半量を流してくるくる巻く。残りも同じように巻く。

（詳しい作り方はP.104〜105）

4 豚肉を焼く

サラダ油を熱して豚肉の両面を1〜2分ずつ焼く。

5 卵焼きを切る

卵焼きを3等分に切る。

6 弁当箱に詰める

卵焼き、豚肉、キャベツの順に詰める。

お弁当5

▼鶏そぼろ
▼塩ゆで絹さや
▼炒り卵

永遠の定番"三色弁当"も
卵焼き器だけで
効率よく作れます。

1 下ごしらえ

スタート！

絹さやは筋を取って斜め半分に切る。

▼

Bを混ぜ、卵を加えて溶きほぐす。

▼

鶏ひき肉とAをよく混ぜる。

炒り卵
材料（1人分）
卵…1個
B［水…大さじ1
　 塩…ひとつまみ（0.5g）

塩ゆで絹さや
材料（1人分）
絹さや…8枚
塩…小さじ1

鶏そぼろ
材料（1人分）
鶏ひき肉…80g
A［しょうゆ…大さじ½
　 砂糖…大さじ½
　 おろししょうが…小さじ1

準備

●湯を沸かす
卵焼き器に水カップ1、塩小さじ1を入れて沸かす。

●ご飯を詰める
ご飯を弁当箱いっぱいに平らに詰め、そのまま置いて冷ます。

2 絹さやをゆでる

沸騰した湯で絹さやを30秒ゆでる。

ゆでたらバットで冷ます！

3 炒り卵を作る

卵焼き器に卵液を入れて火にかけ、箸で混ぜる。

▼

卵がポロポロになるまで炒りつける。

バットに取り出して冷ます！

4 鶏そぼろを作る

鶏ひき肉を入れて火にかけ、箸で混ぜる。

▼

汁けがなくなるまで3～4分炒りつける。

バットに取り出して冷ます！

5 弁当箱に詰める

ご飯の上に炒り卵、鶏そぼろ、絹さやの順にのせる。

でき上がり！

PART 2

卵焼き器で作る3品目。

肉と魚介のおかず集

まずはこのパートのレシピを、ざーっと見てみてください。
肉も魚介も1人分の分量が、ぜ〜んぶ「80g」だって、気がつきましたか？
わかりやすいでしょう？

肉も魚介も手に入りやすいもの、火の通りやすいものを使い、
味つけは、キッチンにある調味料で。

から揚げも、ハンバーグも、肉巻きもないけれど、
卵焼き器ひとつで、食材ひとつで、
こんなにもバリエーション豊かなおかずが作れるんです！

副菜、卵焼きとの組み合わせ例も、ぜひ参考にしてください。

鶏肉のおかず

鶏もも肉の照り焼き

やっぱりはずせない！

材料（1人分）

鶏もも肉…1/3枚（80g）

A
- しょうゆ…小さじ2
- 酒…小さじ1
- 砂糖…小さじ1

サラダ油…小さじ1/2

作り方

1 鶏肉はひと口大に切る。

2 ボウルに**1**を入れ、**A**を絡める。

3 卵焼き器にサラダ油を熱し、鶏肉の汁けをきり、皮を下にして焼く。こんがりと焼き色がついたら返して3〜4分焼き、ボウルに残っている汁も加えて絡める。バットに取り出して冷ます。

おすすめの副菜

▶ ブロッコリーのごま塩和え（P.86）
▶ アスパラガスのカレーマヨ和え（P.94）
▶ セロリのメンマ和え（P.95）

ちょっと
焼き鳥風の味

鶏むね肉の七味炒め

材料（1人分）

鶏むね肉（皮なし）…小½枚（80g）

A［酒…小さじ1
　 塩…ふたつまみ（小さじ⅕）

サラダ油…小さじ½

七味唐辛子…少量

作り方

1 鶏肉はひと口大のそぎ切りにする。

2 ボウルに**1**を入れ、**A**を絡める。

3 卵焼き器にサラダ油を熱し、鶏肉を炒める。表面に焼き色がついたら七味唐辛子をふり、全体に絡める。バットに取り出して冷ます。

おすすめの副菜

- ピーマンの赤じそ和え（P.88）
- パプリカのなめたけ和え（P.88）
- オクラののりの佃煮和え（P.95）

さっぱり味が
後を引く

鶏もも肉の塩しょうが焼き

材料（1人分）

鶏もも肉…⅓枚（80g）

A［おろししょうが…小さじ1
　 酒…小さじ1
　 塩…ふたつまみ（小さじ⅕）

サラダ油…小さじ½

作り方

1 鶏肉はひと口大に切る。

2 ボウルに**1**を入れ、**A**を絡める。

3 卵焼き器にサラダ油を熱し、鶏肉を皮を下にして焼く。こんがりと焼き色がついたら返して3〜4分焼く。バットに取り出して冷ます。

おすすめの副菜

- いんげんののり和え（P.87）
- いんげんの粒マスタード和え（P.87）
- ピーマンの赤じそ和え（P.88）

組み合わせ例

▶ **鶏もも肉の塩しょうが焼き**(P.31)

▶ いんげんののり和え(P.87)

▶ カレーバター卵焼き(P.106)

▶ **鶏むね肉の七味炒め**(P.31)

▶ マヨ風味卵焼き(P.106)

▶ ピーマンの赤じそ和え(P.88)

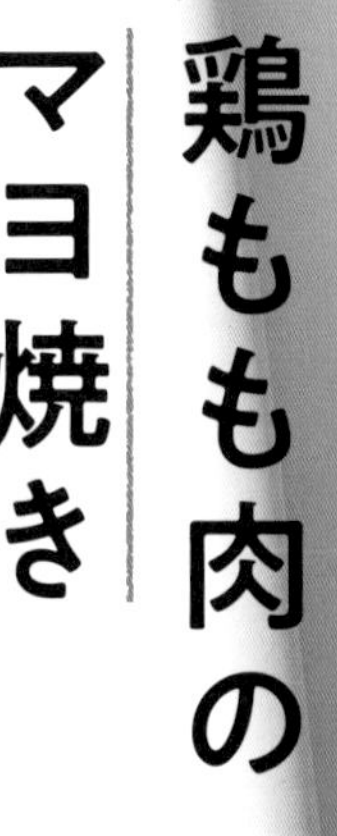

鶏もも肉のマヨ焼き

材料（1人分）

鶏もも肉…⅓枚（80g）

A［塩…小さじ¼
　 こしょう…少量

マヨネーズ…大さじ½

作り方

1 鶏肉はひと口大に切る。

2 ボウルに**1**を入れ、**A**を絡める。

3 卵焼き器にマヨネーズを熱し、半分ほど溶けたら鶏肉を皮を下にして焼く。こんがりと焼き色がついたら返して3〜4分焼く。バットに取り出して冷ます。

おすすめの副菜

▶ キャベツのウスターおかか和え（P.89）
▶ チンゲン菜のオイスターソース和え（P.91）
▶ アスパラガスのなめたけ和え（P.94）

鶏むね肉のオイスターソース煮

むね肉がコクのある味に

材料（1人分）

鶏むね肉（皮なし）…小½枚（80g）

A
- オイスターソース…小さじ2
- おろししょうが…小さじ½
- 塩…ひとつまみ（0.5g）

作り方

1 鶏肉はひと口大のそぎ切りにする。
2 ボウルに**1**を入れ、**A**を絡める。
3 卵焼き器に**2**、水大さじ1を入れて火にかける。ときどき返しながら、煮汁にとろみがつくまで3〜4分煮る。バットに取り出して冷ます。

おすすめの副菜

▶ ブロッコリーのマヨ七味和え（P.86）
▶ チンゲン菜のメンマ和え（P.91）
▶ セロリのメンマ和え（P.95）

鶏もも肉のケチャップ煮

酢で酸味とうまみアップ

材料（1人分）

鶏もも肉…⅓枚（80g）

A
- トマトケチャップ…大さじ2
- 酢…小さじ1
- おろしにんにく…少量

作り方

1 鶏肉はひと口大に切る。
2 ボウルに**1**を入れ、**A**を絡める。
3 卵焼き器に**2**、水大さじ1を入れて火にかける。ときどき返しながら、煮汁にとろみがつくまで3〜4分煮る。バットに取り出して冷ます。

おすすめの副菜

▶ パプリカのオリーブ油和え（P.88）
▶ 小松菜のじゃこ和え（P.90）
▶ ほうれん草の粉チーズ和え（P.92）

組み合わせ例

じゃこ入り
卵焼き(P.110)

キャベツのウスター
おかか和え(P.89)

鶏もも肉の
マヨ焼き(P.34)

▶小松菜の
じゃこ和え(P.90)

▶のり巻き風卵焼き(P.110)

▶**鶏もも肉の**
ケチャップ煮(P.35)

▶明太子入り卵焼き(P.110)

▶チンゲン菜のメンマ和え(P.91)

▶**鶏むね肉のオイスターソース煮**(P.35)

鶏むね肉のゆずこしょう揚げ焼き

夜のつまみにもイイね♪

材料（1人分）

鶏むね肉（皮なし）…小½枚（80g）

A［酒…小さじ1
ゆずこしょう…小さじ½

小麦粉…大さじ1

サラダ油…適量

作り方

1 鶏肉はひと口大のそぎ切りにする。

2 ボウルに**1**を入れて**A**を絡め、小麦粉を混ぜる。

3 卵焼き器の5㎜深さまでサラダ油を入れて熱し、**2**を入れる。ときどき返しながら、2〜3分揚げ焼きにする。ペーパーを敷いたバットに取り出して冷ます。

おすすめの副菜

- いんげんのごま和え（P.87）
- キャベツの紅しょうが和え（P.89）
- ほうれん草のオイスターソース和え（P.92）

鶏むね肉のみそから揚げ焼き

から揚げそっくりの食感！

材料（1人分）

鶏むね肉（皮なし）…小½枚（80g）

A［みそ…小さじ1
酒…小さじ1

小麦粉…大さじ1

サラダ油…適量

作り方

1 鶏肉はひと口大のそぎ切りにする。

2 ボウルに**1**を入れて**A**を絡め、小麦粉を混ぜる。

3 卵焼き器の5㎜深さまでサラダ油を入れて熱し、**2**を入れる。ときどき返しながら、2〜3分揚げ焼きにする。ペーパーを敷いたバットに取り出して冷ます。

おすすめの副菜

- 小松菜ののりの佃煮和え（P.90）
- もやしナムル（P.92）
- アスパラガスの塩昆布和え（P.94）

組み合わせ例

▶ かにかま入り卵焼き（P.108）

▶ 鶏むね肉のゆずこしょう揚げ焼き（P.38）

ほうれん草のオイスターソース和え（P.92）

▶ 小松菜ののりの佃煮和え（P.90）

▶ 梅バター卵焼き（P.107）

▶ 鶏むね肉のみそから揚げ焼き（P.38）

豚ロースの梅マヨ焼き

酸味とコクのバランスが◎

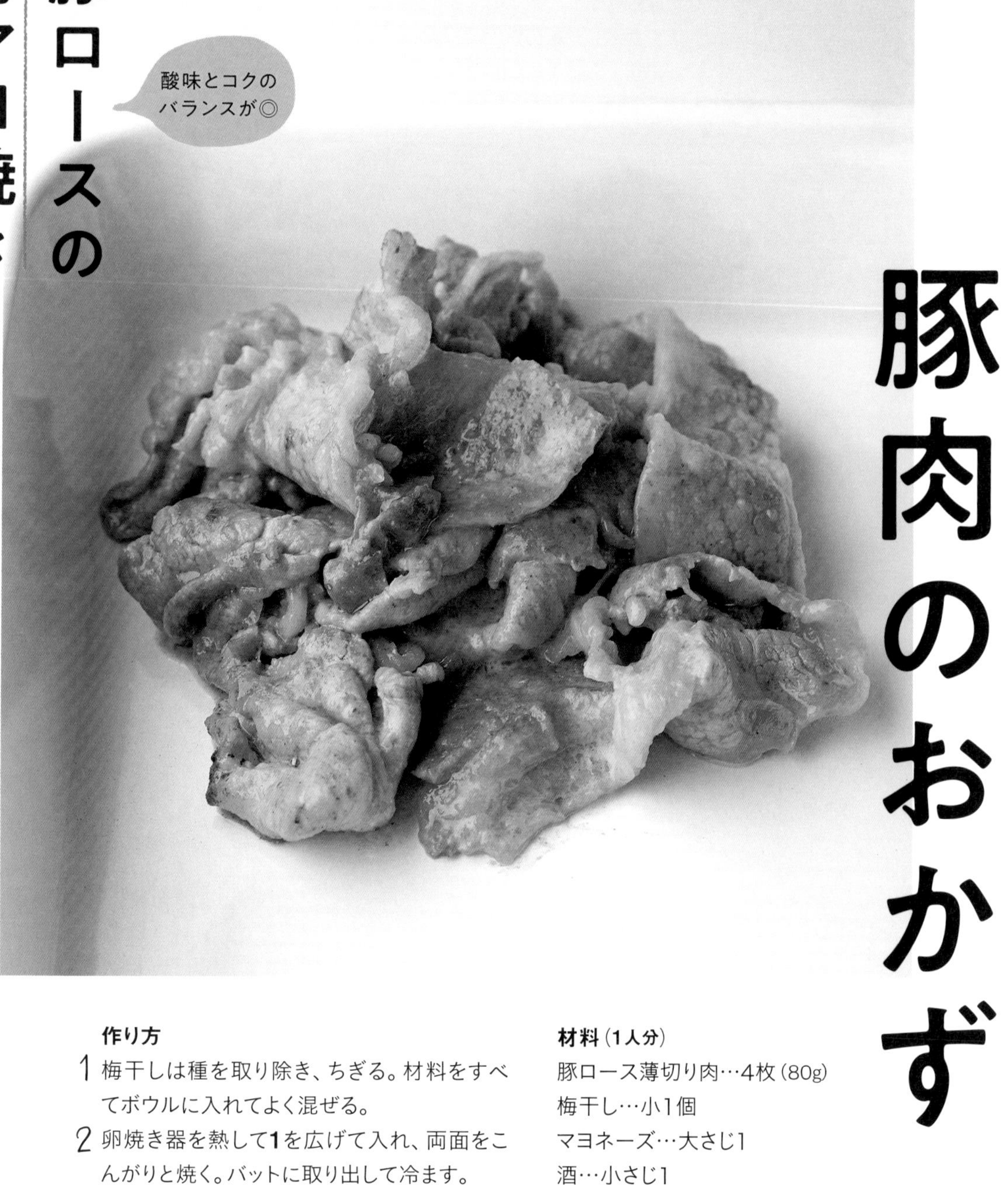

豚肉のおかず

作り方

1 梅干しは種を取り除き、ちぎる。材料をすべてボウルに入れてよく混ぜる。

2 卵焼き器を熱して**1**を広げて入れ、両面をこんがりと焼く。バットに取り出して冷ます。

材料（1人分）

豚ロース薄切り肉…4枚（80g）
梅干し…小1個
マヨネーズ…大さじ1
酒…小さじ1

おすすめの副菜

▶ ブロッコリーのごま塩和え(P.86)
▶ 小松菜のじゃこ和え(P.90)
▶ アスパラガスの塩昆布和え(P.94)

豚ロースのみそ炒め

みそのうまみでご飯止まらず

材料（1人分）

豚ロース薄切り肉…4枚（80g）

A
- みそ…小さじ1
- 酒…小さじ1
- おろししょうが…小さじ½

サラダ油…小さじ½

作り方

1 ボウルに豚肉を入れ、**A**を絡める。

2 卵焼き器にサラダ油を熱して**1**を広げて入れ、両面をこんがりと焼く。バットに取り出して冷ます。

おすすめの副菜

▶ ピーマンの赤じそ和え（P.88）
▶ アスパラガスのカレーマヨ和え（P.94）
▶ オクラのじゃこ和え（P.95）

豚こまの焼き肉風

下味の油でお肉しっとり

材料（1人分）

豚こま切れ肉…80g

A
- しょうゆ…小さじ2
- 砂糖…小さじ2
- ごま油…小さじ1
- おろしにんにく…少量

作り方

1 ボウルに豚肉を入れ、**A**を絡める。

2 卵焼き器に**1**を入れて火にかけ、箸でほぐしながら2分ほど炒りつける。バットに取り出して冷ます。

おすすめの副菜

▶ キャベツのラー油和え（P.89）
▶ もやしナムル（P.92）
▶ にんじんナムル（P.93）

組み合わせ例

▶ 豚ロースの梅マヨ焼き(P.40)

▶ アスパラガスの塩昆布和え(P.94)

▶ なめたけ入り卵焼き(P.108)

▶ にんじんナムル（P.93）

▶ あおさ入り
卵焼き（P.111）

▶ **豚こまの焼き肉風**（P.41）

▶ **豚ロースの**
みそ炒め（P.41）

▶ 梅バター
卵焼き（P.107）

▶ オクラの
じゃこ和え（P.95）

豚こまのカレーケチャップ炒め

洋食屋さんテイスト

材料（**1人分**）

豚こま切れ肉…80g

A
- トマトケチャップ…大さじ2
- カレー粉…小さじ½
- 塩…ふたつまみ（小さじ⅕）

バター…5g

作り方

1 ボウルに豚肉を入れ、**A**を絡める。

2 卵焼き器にバターを入れて火にかけ、溶けたら**1**を入れ、箸でほぐしながらこんがりと2分ほど炒める。バットに取り出して冷ます。

おすすめの副菜

▶ **いんげんの粒マスタード和え**（P.87）

▶ **小松菜の梅おかか和え**（P.90）

▶ **セロリの塩昆布和え**（P.95）

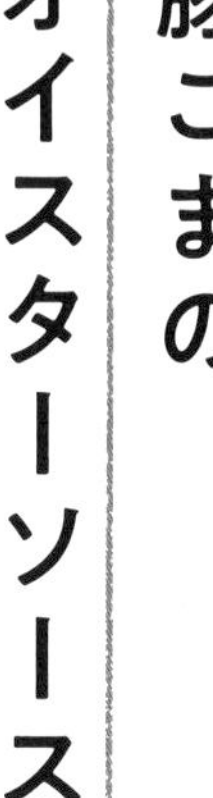

豚こまのオイスターソース炒め

少しのしょうゆで味に深みを

材料（**1人分**）

豚こま切れ肉…80g

A
- オイスターソース…小さじ2
- しょうゆ…小さじ½
- おろししょうが…少量

サラダ油…小さじ½

作り方

1 ボウルに豚肉を入れ、**A**を絡める。

2 卵焼き器にサラダ油を熱して**1**を入れ、箸でほぐしながら2分ほど炒める。バットに取り出して冷ます。

おすすめの副菜

▶ **ブロッコリーの梅和え**（P.86）

▶ **ピーマンの赤じそ和え**（P.88）

▶ **セロリのメンマ和え**（P.95）

組み合わせ例

▶昆布の佃煮入り卵焼き（P.111）

▶ブロッコリーの梅和え（P.86）

▶**豚こまのオイスターソース炒め**（P.44）

▶セロリの塩昆布和え（P.95）

▶桜えび入り卵焼き（P.111）

▶**豚こまのカレーケチャップ炒め**（P.44）

豚こまのゆずこしょう煮

辛みよし、香りさらによし

材料（1人分）

豚こま切れ肉…80g

A
- 酒…小さじ1
- ゆずこしょう…小さじ½
- しょうゆ…小さじ½

作り方

1 ボウルに豚肉を入れ、Aを絡める。

2 卵焼き器に**1**、水大さじ2を入れて火にかける。汁けをとばすように混ぜながら1〜2分煮る。バットに取り出して冷ます。

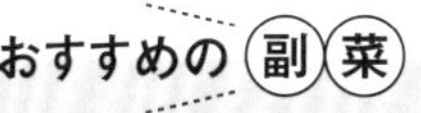

おすすめの副菜

▶ いんげんののり和え（P.87）

▶ パプリカのオリーブ油和え（P.88）

▶ アスパラガスの塩昆布和え（P.94）

豚ロースの照り煮

ご飯にのせて食べたい！

材料（1人分）

豚ロース薄切り肉…4枚（80g）

A
- しょうゆ…小さじ2
- みりん…小さじ2
- おろししょうが…小さじ½

作り方

1 ボウルに豚肉を入れ、Aを絡める。

2 卵焼き器に**1**、水大さじ1を入れて火にかける。ときどき混ぜながら、汁けがなくなるまで1〜2分煮る。バットに取り出して冷ます。

おすすめの副菜

▶ ブロッコリーの梅和え（P.86）

▶ いんげんのごま和え（P.87）

▶ ピーマンのごまマヨ和え（P.88）

冷めても
ちゃんとカリカリ！

豚ロースのカリカリ揚げ焼き

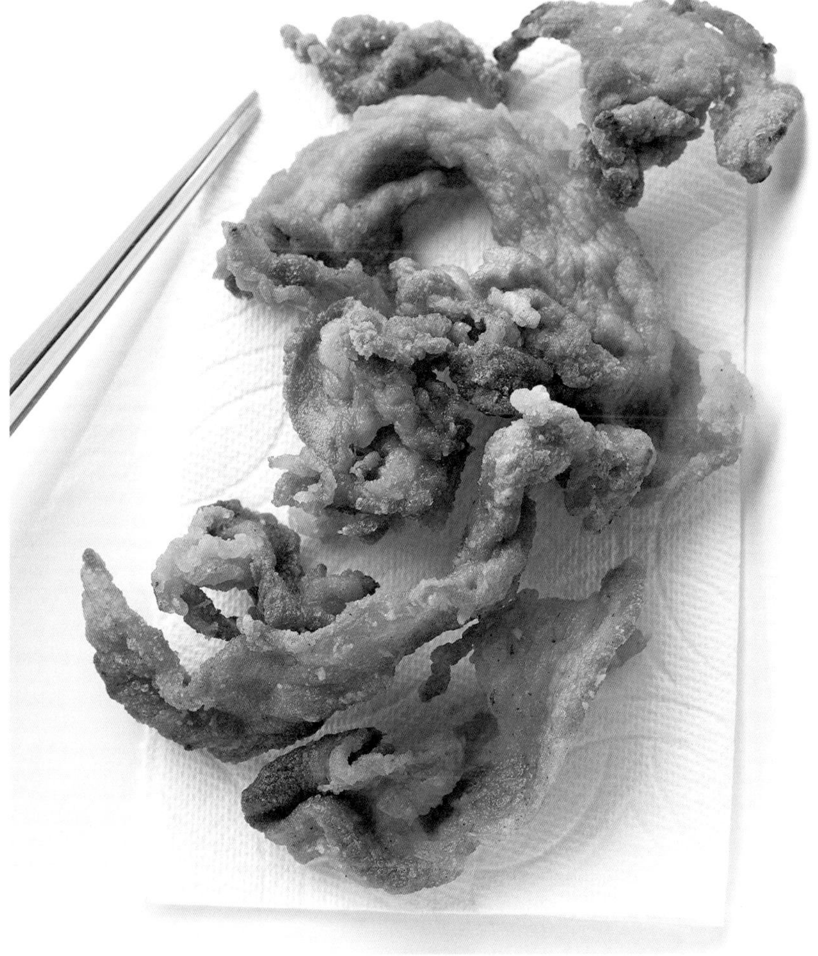

材料（1人分）

豚ロース薄切り肉…4枚（80g）
A［塩…小さじ¼
　 こしょう…少量
小麦粉…大さじ1
サラダ油…適量

作り方

1 ボウルに豚肉を入れて**A**を絡め、小麦粉を混ぜる。

2 卵焼き器の2㎜深さまでサラダ油を入れて熱し、**1**を入れる。ときどき返しながらカリッとするまで2〜3分揚げ焼きにする。ペーパーを敷いたバットに取り出して冷ます。

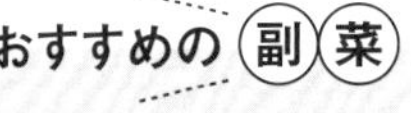

おすすめの副菜

▶ キャベツの紅しょうが和え（P.89）
▶ 豆もやしの赤じそ和え（P.92）
▶ アスパラガスの粒マスタード和え（P.94）

組み合わせ例

▶魚肉ソーセージ入り
卵焼き（P.108）

▶いんげんの
ごま和え（P.87）

▶**豚ロースの**
照り煮（P.46）

▶あおさ入り卵焼き（P.111）

▶**豚こまの**
ゆずこしょう煮
（P.46）

▶パプリカの
オリーブ油和え（P.88）

キャベツの
紅しょうが和え(P.89)

マヨ風味
卵焼き(P.106)

豚ロースの
カリカリ
揚げ焼き
(P.47)

牛肉のおかず

牛肉の塩麹焼き

牛肉のうまさ際立つ

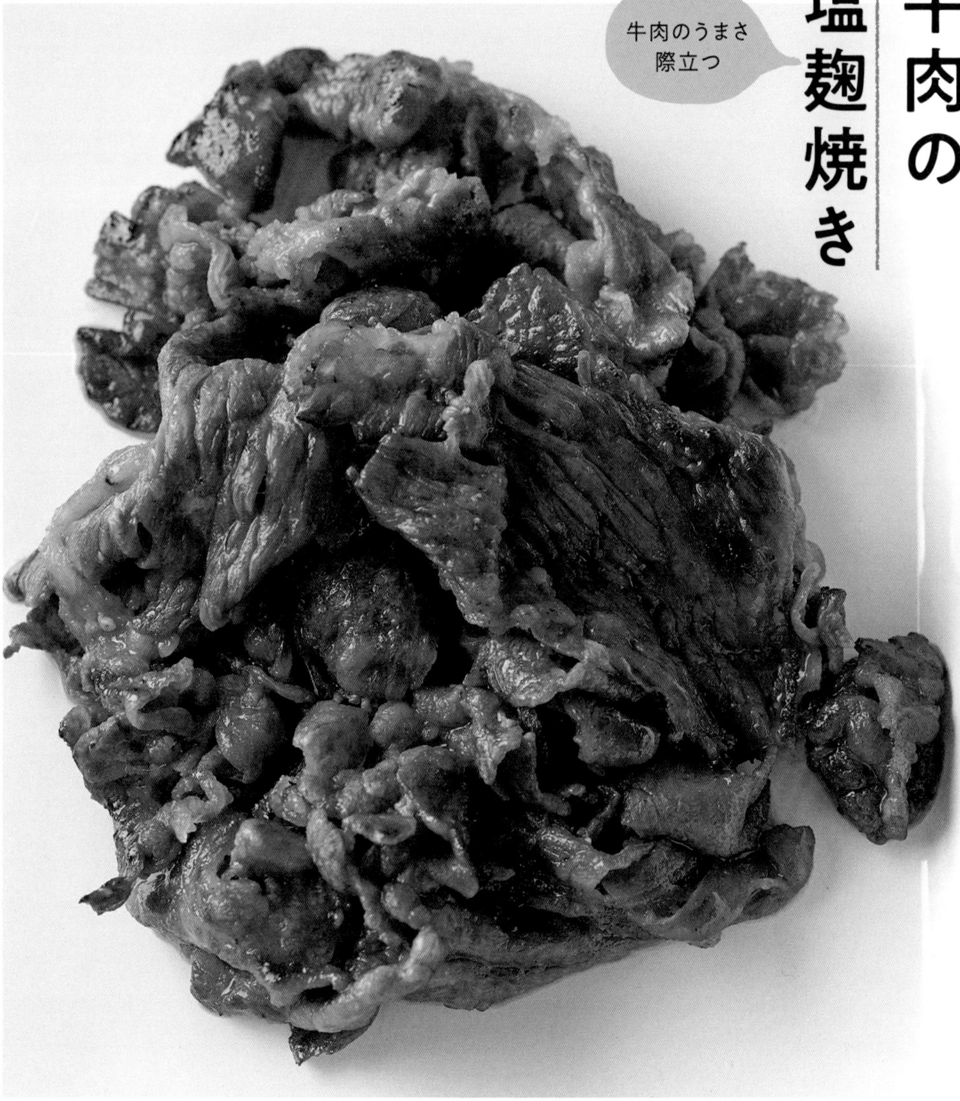

材料（1人分）

牛切り落とし肉…80g
塩麹…大さじ½
サラダ油…小さじ½

作り方

1 ボウルに牛肉を入れ、塩麹を絡める。
2 卵焼き器にサラダ油を熱して**1**を広げて入れ、両面を1分ずつ焼く。バットに取り出して冷ます。

おすすめの副菜

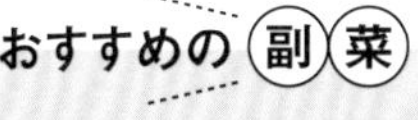

▶ いんげんの紅しょうが和え（P.87）
▶ パプリカのなめたけ和え（P.88）
▶ 小松菜の梅おかか和え（P.90）

しょうがとの
組み合わせに
目からウロコ！

牛肉のウスターソース炒め

材料（1人分）

牛切り落とし肉…80g

A ウスターソース…大さじ1
　おろししょうが…小さじ½

サラダ油…小さじ½

作り方

1 ボウルに牛肉を入れ、Aを絡める。
2 卵焼き器にサラダ油を熱して1を広げて入れ、1～2分炒める。バットに取り出して冷ます。

おすすめの副菜

- ピーマンのごまマヨ和え（P.88）
- 小松菜のじゃこ和え（P.90）
- ほうれん草の粉チーズ和え（P.92）

牛肉のプルコギ風

韓国の定番
甘辛味

材料（1人分）

牛切り落とし肉…80g

A しょうゆ…小さじ2
　みりん…小さじ1
　ごま油…小さじ1
　おろしにんにく…少量

作り方

1 ボウルに牛肉を入れ、Aを絡める。
2 卵焼き器に1を入れ、2～3分炒り煮にする。バットに取り出して冷ます。

おすすめの副菜

- キャベツのラー油和え（P.89）
- チンゲン菜のスープゆで（P.91）
- にんじんナムル（P.93）

組み合わせ例

▶ ザーサイ入り
卵焼き（P.109）

小松菜の
梅おかか和え
（P.90）

▶ **牛肉の**
塩麹焼き
（P.50）

▶ **牛肉のウスターソース炒め**（P.51）

ほうれん草の粉チーズ和え（P.92）

▶ 魚肉ソーセージ入り卵焼き（P.108）

▶ キムチ入り卵焼き（P.109）

▶ **牛肉のプルコギ風**（P.51）

チンゲン菜のスープゆで（P.91）

牛肉のみそしょうが煮

しょうがの香りで
さっぱりと

材料（1人分）

牛切り落とし肉…80g

A
- みそ…小さじ1
- 酒…小さじ1
- おろししょうが…小さじ1

作り方

1 ボウルに牛肉を入れ、**A**を絡める。

2 卵焼き器に**1**、水大さじ2を入れて火にかける。ときどき混ぜながら、汁けがなくなるまで2分ほど煮る。バットに取り出して冷ます。

おすすめの副菜

▶ キャベツのゆずこしょう和え（P.89）
▶ にんじんののり和え（P.93）
▶ オクラののりの佃煮和え（P.95）

牛肉のしぐれ煮

ああ、漆黒の
ご飯泥棒

材料（1人分）

牛切り落とし肉…80g

A
- しょうゆ…大さじ1
- はちみつ…小さじ2
- おろししょうが…小さじ1

作り方

1 ボウルに牛肉を入れ、**A**を絡める。

2 卵焼き器に**1**、水大さじ1を入れて火にかける。ときどき混ぜながら、汁けがなくなるまで2〜3分煮る。バットに取り出して冷ます。

おすすめの副菜

▶ ブロッコリーの梅和え（P.86）
▶ いんげんののり和え（P.87）
▶ アスパラガスの粒マスタード和え（P.94）

牛肉のカレー揚げ焼き

スパイシー&ちょいジャンキーな味

材料（1人分）

牛切り落とし肉…80g

A［カレー粉…小さじ½
　塩…ふたつまみ（小さじ⅕）

小麦粉…大さじ1

サラダ油…適量

作り方

1 ボウルに牛肉を入れてAを絡め、小麦粉を混ぜる。

2 卵焼き器の2㎜深さまでサラダ油を入れて熱し、1を入れる。ときどき返しながらカリッとするまで2〜3分揚げ焼きにする。ペーパーを敷いたバットに取り出して冷ます。

おすすめの副菜

▶ いんげんの紅しょうが和え（P.87）
▶ ほうれん草の粉チーズ和え（P.92）
▶ アスパラガスのなめたけ和え（P.94）

組み合わせ例

▶ じゃこ入り卵焼き（P.110）

▶ アスパラガスの粒マスタード和え（P.94）

▶ **牛肉のしぐれ煮**（P.54）

▶ にんじんののり和え（P.93）

▶ ハム入り卵焼き（P.107）

▶ **牛肉のみそしょうが煮**（P.54）

▶ アスパラガスの
なめたけ和え
(P.94)

メンマ入り
卵焼き(P.109)

▶ **牛肉のカレー**
揚げ焼き(P.55)

ひき肉のおかず

鶏ひきのケチャップそぼろ

材料（1人分）

鶏ひき肉…80g

A
- トマトケチャップ…大さじ2
- おろししょうが…小さじ1
- 塩…少量

作り方

1 ボウルに鶏ひき肉と**A**を入れ、よく混ぜる。

2 卵焼き器に**1**を入れて火にかけ、箸で混ぜながら汁けがなくなるまで2〜3分炒りつける。バットに取り出して冷ます。

おすすめの副菜

- ▶ いんげんの粒マスタード和え（P.87）
- ▶ パプリカのオリーブ油和え（P.88）
- ▶ チンゲン菜のカレーしょうゆ和え（P.91）

組み合わせ例

粉チーズ入り
卵焼き(P.106)

いんげんの
粒マスタード和え
(P.87)

鶏ひきのケチャップ
そぼろ(P.58)

豚ひきのドライカレーそぼろ

塩麹でうまみを補います

材料（1人分）

豚ひき肉…80g

A［塩麹…大さじ½
　 カレー粉…小さじ½

作り方

1 ボウルに豚ひき肉とAを入れ、よく混ぜる。

2 卵焼き器に1を入れて火にかけ、箸で混ぜながら汁けがなくなるまで2〜3分炒りつける。バットに取り出して冷ます。

おすすめの副菜

- ▶ ブロッコリーの粉チーズ和え(P.86)
- ▶ いんげんの粒マスタード和え(P.87)
- ▶ セロリの塩昆布和え(P.95)

豚ひきのみそ焼き

ぎゅっと焼きつけ香ばしく

材料（1人分）

豚ひき肉…80g

A［みそ…小さじ1
　 おろししょうが…小さじ1

ごま油…小さじ½

作り方

1 ボウルに豚ひき肉とAを入れて混ぜる。

2 卵焼き器にごま油を熱して1を入れ、へらで7〜8㎜厚さに押しつけながら2分ほど焼く。こんがりと焼き色がついたら上下を返して2分焼き、食べやすい大きさに割る。バットに取り出して冷ます。

おすすめの副菜

- ▶ ブロッコリーのマヨ七味和え(P.86)
- ▶ ピーマンのごまマヨ和え(P.88)
- ▶ キャベツの紅しょうが和え(P.89)

組み合わせ例

▶ マヨ風味卵焼き(P.106)

▶ ブロッコリーの粉チーズ和え(P.86)

▶ **豚ひき肉のドライカレーそぼろ**(P.60)

▶ ピーマンのごまマヨ和え(P.88)

▶ **豚ひきのみそ焼き**(P.60)

▶ 桜えび入り卵焼き(P.111)

合いびきミートボールの甘辛煮

ご飯がすすむ
鉄板の味

材料（1人分）

合いびき肉…80g
おろししょうが…小さじ1
A［しょうゆ…小さじ2
　 みりん…小さじ2

作り方

1 ボウルに合いびき肉とおろししょうがを入れて混ぜ、4〜5等分に丸める。
2 卵焼き器に**A**、水大さじ4を入れて火にかけ、煮立ったら**1**を加え、ときどき返しながら汁けがなくなるまで3〜4分煮る。さらに汁けをとばし、照りを出す。バットに取り出して冷ます。

おすすめの副菜

- ブロッコリーのごま塩和え（P.86）
- キャベツのラー油和え（P.89）
- 小松菜の梅おかか和え（P.90）

合いびきの焼き肉風べた焼き

平べったいから
すぐ焼ける

材料（1人分）

合いびき肉…80g
A［しょうゆ…小さじ2
　 砂糖…小さじ2
　 おろしにんにく…少量
　 こしょう…少量
ごま油…小さじ1

作り方

1 ボウルに合いびき肉と**A**を入れて混ぜる。
2 卵焼き器にごま油を熱して**1**を入れ、へらでだ円形に整え、7〜8㎜厚さに押しつけながら2分ほど焼く。こんがりと焼き色がついたら上下を返して2分焼く。バットに取り出して冷ます。

おすすめの副菜

- いんげんのごま和え（P.87）
- 小松菜のラー油和え（P.90）
- もやしナムル（P.92）

組み合わせ例

▶ 小松菜の
ラー油和え（P.90）

▶ キムチ入り
卵焼き（P.109）

▶ **合いびきの焼き肉風**
べた焼き（P.62）

▶ かにかま入り
卵焼き（P.108）

▶ キャベツの
ラー油和え（P.89）

▶ **合いびき**
ミートボールの
甘辛煮（P.62）

魚介のおかず

さけのマヨ焼き

魚の生臭みをマヨが抑える！

材料（1人分）

生ざけ…1切れ

A［塩…小さじ⅓、こしょう…少量］

マヨネーズ…大さじ½

作り方

1 さけは皮を取り除き、2〜3等分に切る。

2 ボウルにさけを入れ、**A**を絡める。

3 卵焼き器にマヨネーズを入れて火にかけ、半分ほど溶けたら**2**を汁けをふいて入れ、両面を3〜4分ずつ焼く。バットに取り出して冷ます。

おすすめの副菜

▶ 小松菜のラー油和え（P.90）

▶ チンゲン菜のオイスターソース和え（P.91）

▶ 豆もやしの赤じそ和え（P.92）

味も香りも
たらにシミシミ〜

たらの塩カレー煮

材料（1人分）

たら…1切れ

A
- 酒（または白ワイン）…小さじ2
- カレー粉…小さじ½
- 塩…小さじ¼

作り方

1 たらは3〜4等分に切る。
2 ボウルにたらを入れ、**A**を絡める。
3 卵焼き器に**2**、水大さじ3を入れて火にかけ、4〜5分煮る。バットに取り出して冷ます。

おすすめの副菜

▶ブロッコリーの粉チーズ和え（P.86）
▶パプリカのオリーブ油和え（P.88）
▶セロリのメンマ和え（P.95）

ツヤツヤのたれが
目にもおいしい

ぶりの照り焼き

材料（1人分）

ぶり…1切れ

A
- しょうゆ…小さじ2
- 酒…小さじ2
- 砂糖…小さじ2

サラダ油…小さじ½

作り方

1 ぶりは2〜3等分に切る。
2 ボウルにぶりを入れ、**A**を絡める。
3 卵焼き器にサラダ油を熱し、**2**を汁けをふいて入れ、両面を3分ずつ焼く。ボウルに残っている**A**を加え、汁けをとばして照りを出す。バットに取り出して冷ます。

おすすめの副菜

▶ブロッコリーのマヨ七味和え（P.86）
▶アスパラガスの塩昆布和え（P.94）
▶オクラのじゃこ和え（P.95）

組み合わせ例

▶メンマ入り卵焼き（P.109）

▶さけのマヨ焼き（P.64）

▶チンゲン菜のオイスターソース和え（P.91）

▶ なめたけ入り卵焼き(P.108)

▶ **ぶりの照り焼き**(P.65)

▶ ブロッコリーのマヨ七味和え(P.86)

▶ 粉チーズ入り卵焼き(P.106)

▶ セロリのメンマ和え(P.95)

▶ **たらの塩カレー煮**(P.65)

いかのゆずこしょう炒め

弾力だっておいしさだ！

材料（1人分）

冷凍いか（切ってあるもの）…80g

A［酒…小さじ1
　 ゆずこしょう…小さじ½

マヨネーズ…大さじ½

作り方

1 ボウルに解凍したいかを入れ、Aを絡める。

2 卵焼き器にマヨネーズを熱し、半分ほど溶けたら**1**を入れ、2分ほど炒める。バットに取り出して冷ます。

おすすめの副菜

▶ にんじんのみそ和え（P.93）
▶ アスパラガスのなめたけ和え（P.94）
▶ オクラののりの佃煮和え（P.95）

かじきの塩麹揚げ焼き

お肉のようなかみごたえ

材料（1人分）

かじきまぐろ…1切れ

A［塩麹…大さじ½
　 こしょう…少量

小麦粉…大さじ1

サラダ油…適量

作り方

1 かじきはひと口大に切る。

2 ボウルにかじきを入れてAを絡め、小麦粉を混ぜる。

3 卵焼き器の2㎜深さまでサラダ油を入れて熱し、**2**を入れて両面を1分30秒ずつ揚げ焼きにする。ペーパーを敷いたバットに取り出して冷ます。

おすすめの副菜

▶ 小松菜ののりの佃煮和え（P.90）
▶ パプリカのなめたけ和え（P.88）
▶ キャベツのウスターおかか和え（P.89）

組み合わせ例

▶あおさ入り
卵焼き(P.111)
▶パプリカの
なめたけ和え(P.88)
▶かじきの
塩麹揚げ焼き(P.68)

▶のり巻き風
卵焼き(P.110)
▶にんじんの
みそ和え(P.93)
▶いかのゆずこしょう
炒め(P.68)

豆板醤の
辛みがじわ〜

むきえびのチリソース

材料（1人分）

むきえび…80g

A
- トマトケチャップ…大さじ2
- おろししょうが…小さじ1
- 豆板醤…小さじ½

サラダ油…小さじ1

作り方

1 えびは背わたがあれば取り除く。
2 ボウルにえびを入れ、**A**を絡める。
3 卵焼き器にサラダ油を熱し、**2**を入れて2分ほど炒める。バットに取り出して冷ます。

おすすめの副菜

- ▶ チンゲン菜のメンマ和え（P.91）
- ▶ ほうれん草のオイスターソース和え（P.92）
- ▶ オクラののりの佃煮和え（P.95）

組み合わせ例

缶詰・肉加工品のおかず

さんまかば焼きのカレー炒め

カレー粉が缶詰のクセを消す

材料（1人分）

さんまのかば焼き缶…1缶（全量100g）
サラダ油…小さじ½
カレー粉…小さじ1

作り方

1 卵焼き器にサラダ油を熱し、カレー粉を炒める。
2 香りが立ったらさんまのかば焼きを入れ、炒めながらカレー粉を絡める。バットに取り出して冷ます。

おすすめの副菜

▶ にんじんのみそ和え（P.93）
▶ いんげんの紅しょうが和え（P.87）
▶ オクラのじゃこ和え（P.95）

食欲をそそる
マヨ風味

さんまかば焼きのマヨ炒め

材料（1人分）

さんまのかば焼き缶…1缶（全量100g）
マヨネーズ…大さじ½

作り方

1 卵焼き器にマヨネーズを熱し、半分ほど溶けたらさんまのかば焼きを入れ、10〜20秒炒める。バットに取り出して冷ます。

おすすめの副菜

▶ いんげんののり和え（P.87）
▶ にんじんののり和え（P.93）
▶ キャベツのゆずこしょう和え（P.89）

組み合わせ例

▶ ハム入り
卵焼き（P.107）

▶ いんげんの
紅しょうが和え（P.87）

▶ さんまかば焼きの
カレー炒め（P.72）

▶キャベツの
ゆずこしょう和え(P.89)

▶なめたけ入り
卵焼き
(P.108)

▶さんまかば焼きの
マヨ炒め(P.73)

いわし煮つけのしょうが七味煮

缶詰をおいしくする秘技

材料（1人分）
いわしの煮つけ缶
　…1缶（全量100g）
A［おろししょうが…小さじ1
　 七味唐辛子…少量

作り方
1 卵焼き器にいわしの煮つけ、Aを入れて熱し、煮立ったら全体に絡める。バットに取り出して冷ます。

おすすめの副菜

▶ ブロッコリーのごま塩和え（P.86）
▶ にんじんのおかか和え（P.93）
▶ アスパラガスの粒マスタード和え（P.94）

いわし煮つけのトマト煮

和洋折衷味が新しい！

材料（1人分）
いわしの煮つけ缶
　…1缶（全量100g）
A［トマトケチャップ…大さじ1
　 おろしにんにく…少量

作り方
1 卵焼き器にいわしの煮つけ、Aを入れて熱し、煮立ったら全体に絡める。バットに取り出して冷ます。

おすすめの副菜

▶ キャベツのラー油和え（P.89）
▶ 小松菜ののり和え（P.90）
▶ チンゲン菜のカレーしょうゆ和え（P.91）

ソーセージのゆずこしょう煮

材料（1人分）

ウインナーソーセージ
…3〜4本（80g）

A［酒…小さじ1
　 ゆずこしょう…小さじ½

作り方

1 ソーセージは食べやすい長さに切る。

2 卵焼き器にソーセージ、A、水大さじ1を入れて火にかけ、汁けがなくなるまで煮る。バットに取り出して冷ます。

おすすめの副菜

▶ チンゲン菜のスープゆで（P.91）
▶ ほうれん草の粉チーズ和え（P.92）
▶ もやしナムル（P.92）

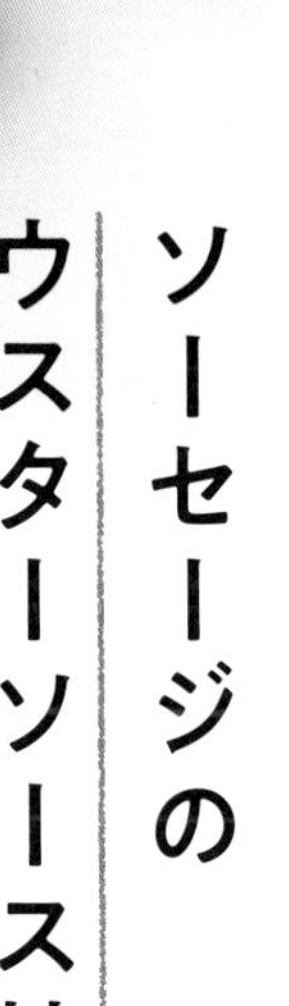

ソーセージのウスターソース炒め

材料（1人分）

ウインナーソーセージ
…3〜4本（80g）

サラダ油…小さじ½

ウスターソース…小さじ2

作り方

1 ソーセージは食べやすい長さに切る。

2 卵焼き器にサラダ油を熱し、ソーセージをさっと炒める。ウスターソースを加え、汁けがなくなるまで炒める。バットに取り出して冷ます。

おすすめの副菜

▶ いんげんのごま和え（P.87）
▶ 小松菜のラー油和え（P.90）
▶ アスパラガスのカレーマヨ和え（P.94）

組み合わせ例

▶ 粉チーズ入り卵焼き（P.106）

▶ チンゲン菜のカレーしょうゆ和え（P.91）

▶ **いわし煮つけのトマト煮**（P.76）

▶ **いわし煮つけのしょうが七味煮**（P.76）

▶ のり巻き風卵焼き（P.110）

▶ にんじんのおかか和え（P.93）

▶ 魚肉ソーセージ入り
卵焼き(P.108)

▶ アスパラガスの
カレーマヨ和え(P.94)

▶ **ソーセージの
ウスターソース炒め**(P.77)

▶ 明太子入り卵焼き(P.110)

▶ もやしナムル
(P.92)

▶ **ソーセージのゆずこしょう煮**(P.77)

ランチョンミートの甘辛焼き

こんがり焼き目もうま〜い

材料（1人分）

ランチョンミート…80g

A
- しょうゆ…小さじ1
- みりん…小さじ1
- おろししょうが…小さじ1

作り方

1 ランチョンミートは1cm厚さのひと口大に切る。

2 卵焼き器を熱し、ランチョンミートを入れてこんがりと焼く。Aを混ぜて加え、汁けをとばしながら炒りつける。バットに取り出して冷ます。

おすすめの副菜

▶ いんげんの粒マスタード和え（P.87）
▶ にんじんのおかか和え（P.93）
▶ アスパラガスのカレーマヨ和え（P.94）

ランチョンミートのみそ炒め

ころんと切ってボリュームアップ

材料（1人分）

ランチョンミート…80g

A
- みそ…小さじ1
- 酒…小さじ1

ごま油…小さじ½

作り方

1 ランチョンミートは2cm角に切る。

2 卵焼き器にごま油を熱し、ランチョンミートを入れてこんがりと焼く。Aを混ぜて加え、絡めながら炒める。バットに取り出して冷ます。

おすすめの副菜

▶ ブロッコリーの梅和え（P.86）
▶ 豆もやしの赤じそ和え（P.92）
▶ オクラのじゃこ和え（P.95）

組み合わせ例

▶のり巻き風
卵焼き(P.110)

▶豆もやしの
赤じそ和え(P.92)

▶**ランチョンミートの**
みそ炒め(P.80)

▶いんげんの
粒マスタード
和え(P.87)

▶紅しょうが入り
卵焼き(P.107)

▶**ランチョンミートの**
甘辛焼き(P.80)

PART 3

卵焼き器で作る1品目。

野菜のおかず集

このパートのレシピをざっと見て、気がつきましたか？
すべて、ゆで野菜の「和えもの」だってことを。
お弁当の副菜は和えもの1本！と潔く決めてしまえば、
おかずで悩むこともなくなります。

もうひとつ、気がつきましたか？
ゆで時間がいつも同じになるように、野菜ごとに切り方を揃えています。
この野菜はこの切り方！と決めてしまえば、
まな板の前で悩むこともなくなります。

調味料はキッチンにあるものを。
梅、のり、メンマ、紅しょうがなど、
味のアクセントになる食材も上手に取り入れれば
毎日和えものだって飽きません。

ひと目でわかる！
1人分の野菜の分量・切り方・ゆで時間

共通のゆで方

卵焼き器に水カップ1を沸かし、野菜を入れてゆでる。

キャベツ

分量
2枚（100g）

切り方
小さめの
ひと口大

ゆで時間
1分

ブロッコリー

分量
⅙株（60g）

切り方
小房に
分ける

ゆで時間
1分30秒

小松菜

分量
2株（60g）

切り方
3〜4cm長さ
（根元が太ければ
縦半分に）

ゆで時間
1分

さやいんげん

分量
5本

切り方
長さを
3〜4等分

ゆで時間
2分

チンゲン菜

分量
½株（60g）

切り方
3〜4cm長さ
（根元は縦半分に）

ゆで時間
1分

ピーマン・パプリカ

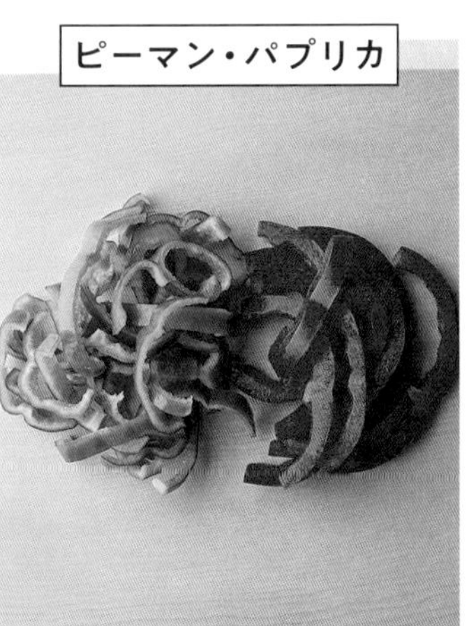

分量
2個（ピーマン）、
½個（パプリカ）

切り方
縦半分、横5mm幅
（ピーマン）、
横5mm幅（パプリカ）

ゆで時間
30秒

グリーンアスパラガス

分量
2本

切り方
根元の固い皮をピーラーでむき、3〜4cm長さ

ゆで時間
1分

ほうれん草

分量
4株(60g)

切り方
4cm長さ

ゆで時間
1分

オクラ

分量
3本

切り方
ゆでてからへたを切り、斜め2〜3等分

ゆで時間
1分

もやし・豆もやし

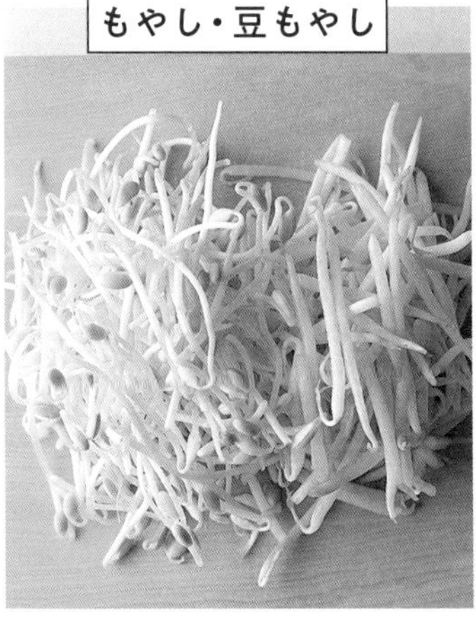
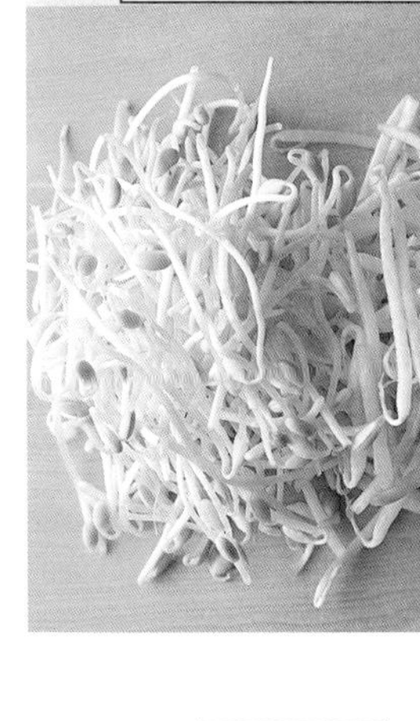

分量
100g

ゆで時間
1分(もやし)、4〜5分(豆もやし)

セロリ

分量
½本(50g)

切り方
斜め薄切り

ゆで時間
30秒

にんじん

分量
⅓本(50g)

切り方
細切り

ゆで時間
1分

ブロッコリー

ごま塩和え

材料（1人分）

ブロッコリー…1/6株（60g）
塩…小さじ1
すり白ごま…小さじ1

作り方

1 卵焼き器に水カップ1、塩を入れて沸かす。
2 ブロッコリーは小房に分ける。
3 **1**にブロッコリーを入れ、ときどき箸で返しながら1分30秒ゆでる。水けをきってごまをまぶす。

梅和え

材料（1人分）

ブロッコリー…1/6株（60g）
梅干し…小1個

作り方

1 卵焼き器に水カップ1を入れて沸かす。
2 ブロッコリーは小房に分ける。梅干しは種を取り除き、ちぎる。
3 **1**にブロッコリーを入れ、ときどき箸で返しながら1分30秒ゆでる。水けをきって梅干しで和える。

粉チーズ和え

材料（1人分）

ブロッコリー…1/6株（60g）
塩…小さじ1
粉チーズ…大さじ1/2

作り方

1 卵焼き器に水カップ1、塩を入れて沸かす。
2 ブロッコリーは小房に分ける。
3 **1**にブロッコリーを入れ、ときどき箸で返しながら1分30秒ゆでる。水けをきって粉チーズで和える。

マヨ七味和え

材料（1人分）

ブロッコリー…1/6株（60g）
塩…小さじ1
マヨネーズ…大さじ1/2
七味唐辛子…少量

作り方

1 卵焼き器に水カップ1、塩を入れて沸かす。
2 ブロッコリーは小房に分ける。
3 **1**にブロッコリーを入れ、ときどき箸で返しながら1分30秒ゆでる。水けをきってマヨネーズ、七味唐辛子で和える。

さやいんげん

粒マスタード和え

材料（1人分）
さやいんげん…5本
塩…小さじ1
粒マスタード…大さじ½

作り方
1 卵焼き器に水カップ1、塩を入れて沸かす。
2 さやいんげんは長さを3〜4等分に切る。
3 **1**にいんげんを入れ、2分ゆでる。水けをきって粒マスタードで和える。

のり和え

材料（1人分）
さやいんげん…5本
焼きのり…1/6枚
しょうゆ…小さじ1

作り方
1 卵焼き器に水カップ1を入れて沸かす。
2 さやいんげんは長さを3〜4等分に切る。のりはちぎる。
3 **1**にいんげんを入れ、2分ゆでる。水けをきってしょうゆをまぶし、のりと和える。

紅しょうが和え

材料（1人分）
さやいんげん…5本
塩…小さじ1
紅しょうが…小さじ1

作り方
1 卵焼き器に水カップ1、塩を入れて沸かす。
2 さやいんげんは長さを3〜4等分に切る。
3 **1**にいんげんを入れ、2分ゆでる。水けをきって紅しょうがと和える。

ごま和え

材料（1人分）
さやいんげん…5本
しょうゆ…小さじ1
すり白ごま…小さじ2

作り方
1 卵焼き器に水カップ1を入れて沸かす。
2 さやいんげんは長さを3〜4等分に切る。
3 **1**にいんげんを入れ、2分ゆでる。水けをきってしょうゆ、ごまで和える。

ピーマン

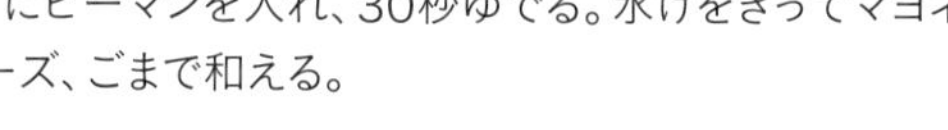

ごまマヨ和え

材料(1人分)
ピーマン…2個　マヨネーズ…大さじ½
塩…小さじ1　すり白ごま…小さじ1

作り方
1 卵焼き器に水カップ1、塩を入れて沸かす。
2 ピーマンは縦半分に切り、種とへたを取って横5mm幅に切る。
3 **1**にピーマンを入れ、30秒ゆでる。水けをきってマヨネーズ、ごまで和える。

赤じそ和え

材料(1人分)
ピーマン…2個
赤じそふりかけ…小さじ⅓

作り方
1 卵焼き器に水カップ1を入れて沸かす。
2 ピーマンは縦半分に切り、種とへたを取って横5mm幅に切る。
3 **1**にピーマンを入れ、30秒ゆでる。水けをきって赤じそふりかけで和える。

パプリカ

なめたけ和え

材料(1人分)
赤パプリカ…½個
なめたけ…大さじ1

作り方
1 卵焼き器に水カップ1を入れて沸かす。
2 パプリカは種とへたを取って横5mm幅に切る。
3 **1**にパプリカを入れ、30秒ゆでる。水けをきってなめたけで和える。

オリーブ油和え

材料(1人分)
赤パプリカ…½個　オリーブ油…小さじ½
塩…小さじ1　粗びき黒こしょう…少量

作り方
1 卵焼き器に水カップ1、塩を入れて沸かす。
2 パプリカは種とへたを取って横5mm幅に切る。
3 **1**にパプリカを入れ、30秒ゆでる。水けをきってオリーブ油、こしょうで和える。

キャベツ

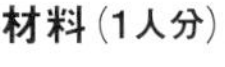

材料（1人分）
キャベツ…2枚（100g）
塩…小さじ1
ラー油…小さじ½

作り方
1 卵焼き器に水カップ1、塩を入れて沸かす。
2 キャベツは小さめのひと口大に切る。
3 **1**にキャベツを入れ、1分ゆでる。水けを絞ってラー油で和える。

ラー油和え

材料（1人分）
キャベツ…2枚（100g）
ウスターソース…小さじ2
削り節…ふたつまみ

作り方
1 卵焼き器に水カップ1を入れて沸かす。
2 キャベツは小さめのひと口大に切る。
3 **1**にキャベツを入れ、1分ゆでる。水けを絞ってウスターソース、削り節で和える。

ウスターおかか和え

ゆずこしょう和え

材料（1人分）
キャベツ…2枚（100g）
ゆずこしょう…小さじ½
しょうゆ…小さじ½

作り方
1 卵焼き器に水カップ1を入れて沸かす。
2 キャベツは小さめのひと口大に切る。
3 **1**にキャベツを入れ、1分ゆでる。水けを絞ってゆずこしょう、しょうゆで和える。

紅しょうが和え

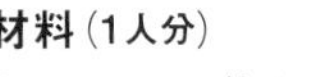

材料（1人分）
キャベツ…2枚（100g）
塩…小さじ1
紅しょうが…小さじ1

作り方
1 卵焼き器に水カップ1、塩を入れて沸かす。
2 キャベツは小さめのひと口大に切る。
3 **1**にキャベツを入れ、1分ゆでる。水けを絞って紅しょうがと和える。

小松菜

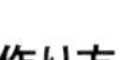

梅おかか和え

材料（1人分）
小松菜…2株（60g）　削り節…⅓袋（1g）
梅干し…小1個

作り方
1 卵焼き器に水カップ1を入れて沸かす。
2 小松菜は3〜4cm長さに切る。根元が太ければ縦半分に切る。梅干しは種を取り除き、ちぎる。
3 **1**に小松菜を入れ、1分ゆでる。水けを絞って梅干し、削り節で和える。

じゃこ和え

材料（1人分）
小松菜…2株（60g）　しょうゆ…小さじ1
ちりめんじゃこ…大さじ1

作り方
1 卵焼き器に水カップ1を入れて沸かす。
2 小松菜は3〜4cm長さに切る。根元が太ければ縦半分に切る。
3 **1**に小松菜を入れ、1分ゆでる。水けを絞ってちりめんじゃこ、しょうゆで和える。

ラー油和え

材料（1人分）
小松菜…2株（60g）　ラー油…小さじ½
塩…小さじ1

作り方
1 卵焼き器に水カップ1、塩を入れて沸かす。
2 小松菜は3〜4cm長さに切る。根元が太ければ縦半分に切る。
3 **1**に小松菜を入れ、1分ゆでる。水けを絞ってラー油で和える。

のりの佃煮和え

材料（1人分）
小松菜…2株（60g）
のりの佃煮…小さじ2

作り方
1 卵焼き器に水カップ1を入れて沸かす。
2 小松菜は3〜4cm長さに切る。根元が太ければ縦半分に切る。
3 **1**に小松菜を入れ、1分ゆでる。水けを絞ってのりの佃煮で和える。

チンゲン菜

オイスターソース和え

材料（1人分）

チンゲン菜…½株（60g）
サラダ油…小さじ1
オイスターソース…小さじ1
塩…小さじ1

作り方

1 卵焼き器に水カップ1、塩、サラダ油を入れて沸かす。
2 チンゲン菜は3〜4cm長さに切り、根元は縦半分に切る。
3 1にチンゲン菜を入れ、1分ゆでる。水けを絞ってオイスターソースで和える。

メンマ和え

材料（1人分）

チンゲン菜…½株（60g）
味つきメンマ…20g
塩…小さじ1

作り方

1 卵焼き器に水カップ1、塩を入れて沸かす。
2 チンゲン菜は3〜4cm長さに切り、根元は縦半分に切る。メンマは2〜3等分に裂く。
3 1にチンゲン菜を入れ、1分ゆでる。水けを絞ってメンマと和える。

カレーしょうゆ和え

材料（1人分）

チンゲン菜…½株（60g）
しょうゆ…小さじ1
カレー粉…小さじ½

作り方

1 卵焼き器に水カップ1を入れて沸かす。
2 チンゲン菜は3〜4cm長さに切り、根元は縦半分に切る。
3 1にチンゲン菜を入れ、1分ゆでる。水けを絞ってしょうゆ、カレー粉で和える。

スープゆで

材料（1人分）

チンゲン菜…½株（60g）
A
- 塩…小さじ½
- 顆粒鶏ガラスープの素…小さじ½
- こしょう…少量

作り方

1 卵焼き器に水カップ1とAを入れて沸かす。
2 チンゲン菜は3〜4cm長さに切り、根元は縦半分に切る。
3 1にチンゲン菜を入れ、1分ゆでて水けを絞る。

ほうれん草

オイスターソース和え

材料（1人分）

ほうれん草…4株（60g）　サラダ油…小さじ1
塩…小さじ1　オイスターソース…小さじ1

作り方

1 卵焼き器に水カップ1、塩、サラダ油を入れて沸かす。
2 ほうれん草は4cm長さに切る。
3 **1**にほうれん草を入れ、1分ゆでる。水けを絞ってオイスターソースで和える。

粉チーズ和え

材料（1人分）

ほうれん草…4株（60g）　サラダ油…小さじ1
塩…小さじ1　粉チーズ…大さじ1

作り方

1 卵焼き器に水カップ1、塩、サラダ油を入れて沸かす。
2 ほうれん草は4cm長さに切る。
3 **1**にほうれん草を入れ、1分ゆでる。水けを絞って粉チーズで和える。

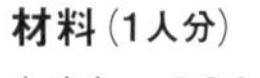

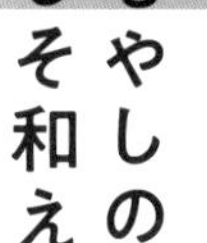

もやし・豆もやし

豆もやしの赤じそ和え

材料（1人分）

豆もやし…100g
赤じそふりかけ…小さじ⅓

作り方

1 卵焼き器に水カップ1を入れて沸かす。
2 **1**に豆もやしを入れ、4〜5分ゆでる。水けを絞って赤じそふりかけで和える。

もやしナムル

材料（1人分）

もやし…100g　ごま油…小さじ½
塩…小さじ1　炒り白ごま…少量

作り方

1 卵焼き器に水カップ1、塩を入れて沸かす。
2 **1**にもやしを入れ、1分ゆでる。水けを絞ってごま油、ごまで和える。

にんじん

みそ和え

材料（1人分）

にんじん…⅓本（50g）
みそ…小さじ1

作り方

1 卵焼き器に水カップ1を入れて沸かす。
2 にんじんは細切りにする。
3 **1**ににんじんを入れ、1分ゆでる。水けをきってみそで和える。

ナムル

材料（1人分）

にんじん…⅓本（50g）
塩…小さじ1
ごま油…小さじ½
おろしにんにく…少量

作り方

1 卵焼き器に水カップ1、塩を入れて沸かす。
2 にんじんは細切りにする。
3 **1**ににんじんを入れ、1分ゆでる。水けをきってごま油、おろしにんにくで和える。

おかか和え

材料（1人分）

にんじん…⅓本（50g）
塩…小さじ1
削り節…ひとつまみ

作り方

1 卵焼き器に水カップ1、塩を入れて沸かす。
2 にんじんは細切りにする。
3 **1**ににんじんを入れ、1分ゆでる。水けをきって削り節で和える。

のり和え

材料（1人分）

にんじん…⅓本（50g）
しょうゆ…小さじ1
焼きのり…⅙枚

作り方

1 卵焼き器に水カップ1を入れて沸かす。
2 にんじんは細切りにする。のりはちぎる。
3 **1**ににんじんを入れ、1分ゆでる。水けをきってしょうゆをまぶし、のりと和える。

グリーンアスパラガス

なめたけ和え

材料(1人分)
グリーンアスパラガス…2本
なめたけ…大さじ1

作り方
1 卵焼き器に水カップ1を入れて沸かす。
2 アスパラガスは根元の固い皮をピーラーでむき、3〜4cm長さに切る。
3 **1**にアスパラガスを入れ、1分ゆでる。水けをきってなめたけで和える。

塩昆布和え

材料(1人分)
グリーンアスパラガス…2本
塩昆布…ふたつまみ

作り方
1 卵焼き器に水カップ1を入れて沸かす。
2 アスパラガスは根元の固い皮をピーラーでむき、3〜4cm長さに切る。
3 **1**にアスパラガスを入れ、1分ゆでる。水けをきって塩昆布で和える。

カレーマヨ和え

材料(1人分)
グリーンアスパラガス…2本
塩…小さじ1
マヨネーズ…小さじ1
カレー粉…小さじ⅓

作り方
1 卵焼き器に水カップ1、塩を入れて沸かす。
2 アスパラガスは根元の固い皮をピーラーでむき、3〜4cm長さに切る。
3 **1**にアスパラガスを入れ、1分ゆでる。水けをきってマヨネーズ、カレー粉で和える。

粒マスタード和え

材料(1人分)
グリーンアスパラガス…2本
塩…小さじ1
粒マスタード…大さじ½

作り方
1 卵焼き器に水カップ1、塩を入れて沸かす。
2 アスパラガスは根元の固い皮をピーラーでむき、3〜4cm長さに切る。
3 **1**にアスパラガスを入れ、1分ゆでる。水けをきって粒マスタードで和える。

オクラ

のりの佃煮和え

材料（1人分）
オクラ…3本
のりの佃煮…小さじ2

作り方
1 卵焼き器に水カップ1を入れて沸かす。
2 **1**にオクラを入れ、1分ゆでる。
3 オクラの水けをきってへたを切り、斜め2～3等分に切ってのりの佃煮で和える。

じゃこ和え

材料（1人分）
オクラ…3本
塩…小さじ1
ちりめんじゃこ…大さじ1

作り方
1 卵焼き器に水カップ1、塩を入れて沸かす。
2 **1**にオクラを入れ、1分ゆでる。
3 オクラの水けをきってへたを切り、斜め2～3等分に切ってちりめんじゃこと和える。

セロリ

メンマ和え

材料（1人分）
セロリ…½本（50g）
塩…小さじ1
味つきメンマ…20g

作り方
1 卵焼き器に水カップ1、塩を入れて沸かす。
2 セロリは斜め薄切りにする。メンマは2～3等分に裂く。
3 **1**にセロリを入れ、30秒ゆでる。水けをきってメンマと和える。

塩昆布和え

材料（1人分）
セロリ…½本（50g）
塩昆布…ふたつまみ
ごま油…少量

作り方
1 卵焼き器に水カップ1を入れて沸かす。
2 セロリは斜め薄切りにする。
3 **1**にセロリを入れ、30秒ゆでる。水けをきって塩昆布、ごま油で和える。

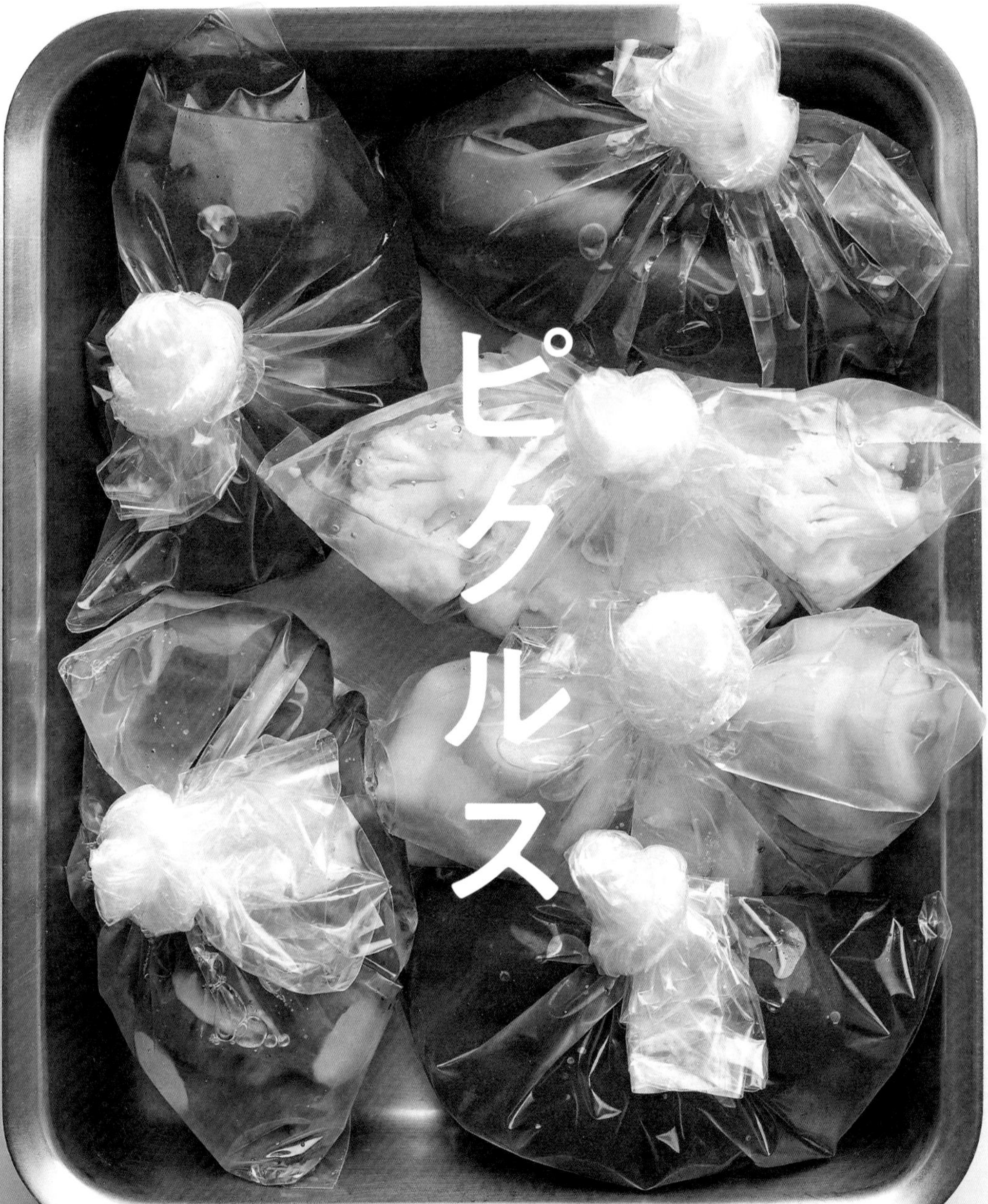

ピクルス

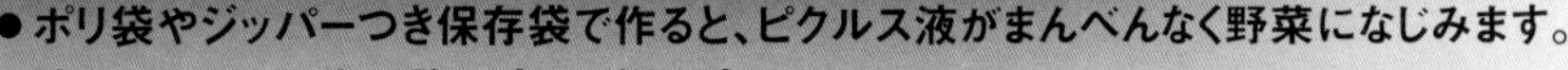

● ポリ袋やジッパーつき保存袋で作ると、ピクルス液がまんべんなく野菜になじみます。
● 漬けてからひと晩以降が食べごろです。
● 冷蔵庫で1週間ほど保存できます。
● 弁当箱に詰める前に、ピクルス液をしっかりときりましょう。

ピクルス液（共通）

材料（作りやすい分量）

酢…大さじ3
水…大さじ3
砂糖…大さじ2
塩…小さじ1

パプリカ

材料（作りやすい分量）**と作り方**

1 **パプリカ1個**はへたと種を取り除き、縦1cm幅に切り、3cm長さに切る。
2 耐熱ボウルに**1**と**ピクルス液**を入れてラップをかけ、電子レンジで40秒加熱する。ラップを外して冷ます。
3 **2**をポリ袋に入れ、空気を抜いて口を閉じ、冷蔵庫で味をなじませる。

みょうが

材料（作りやすい分量）**と作り方**

1 **みょうが4本**は縦半分に切る。
2 耐熱ボウルに**1**と**ピクルス液**を入れてラップをかけ、電子レンジで40秒加熱する。ラップを外して冷ます。
3 **2**をポリ袋に入れ、空気を抜いて口を閉じ、冷蔵庫で味をなじませる。

カリフラワー

材料（作りやすい分量）**と作り方**

1 **カリフラワー小¼株**（100g）は小房に分けて縦半分に切る。
2 耐熱ボウルに**1**と**ピクルス液**を入れてラップをかけ、電子レンジで40秒加熱する。ラップを外して冷ます。
3 **2**をポリ袋に入れ、空気を抜いて口を閉じ、冷蔵庫で味をなじませる。

セロリ

材料（作りやすい分量）**と作り方**

1 **セロリ½本**は1cm幅に切る。
2 耐熱ボウルに**1**と**ピクルス液**を入れてラップをかけ、電子レンジで40秒加熱する。ラップを外して冷ます。
3 **2**をポリ袋に入れ、空気を抜いて口を閉じ、冷蔵庫で味をなじませる。

きゅうり

材料（作りやすい分量）**と作り方**

1 **きゅうり1本**は1cm幅の輪切りにする。
2 耐熱ボウルに**1**と**ピクルス液**を入れてラップをかけ、電子レンジで40秒加熱する。ラップを外して冷ます。
3 **2**をポリ袋に入れ、空気を抜いて口を閉じ、冷蔵庫で味をなじませる。

ミニトマト

材料（作りやすい分量）**と作り方**

1 **ミニトマト6個**はへたを取り除く。
2 耐熱ボウルに**1**と**ピクルス液**を入れてラップをかけ、電子レンジで40秒加熱する。ラップを外して冷ます。
3 **2**をポリ袋に入れ、空気を抜いて口を閉じ、冷蔵庫で味をなじませる。

浅漬け

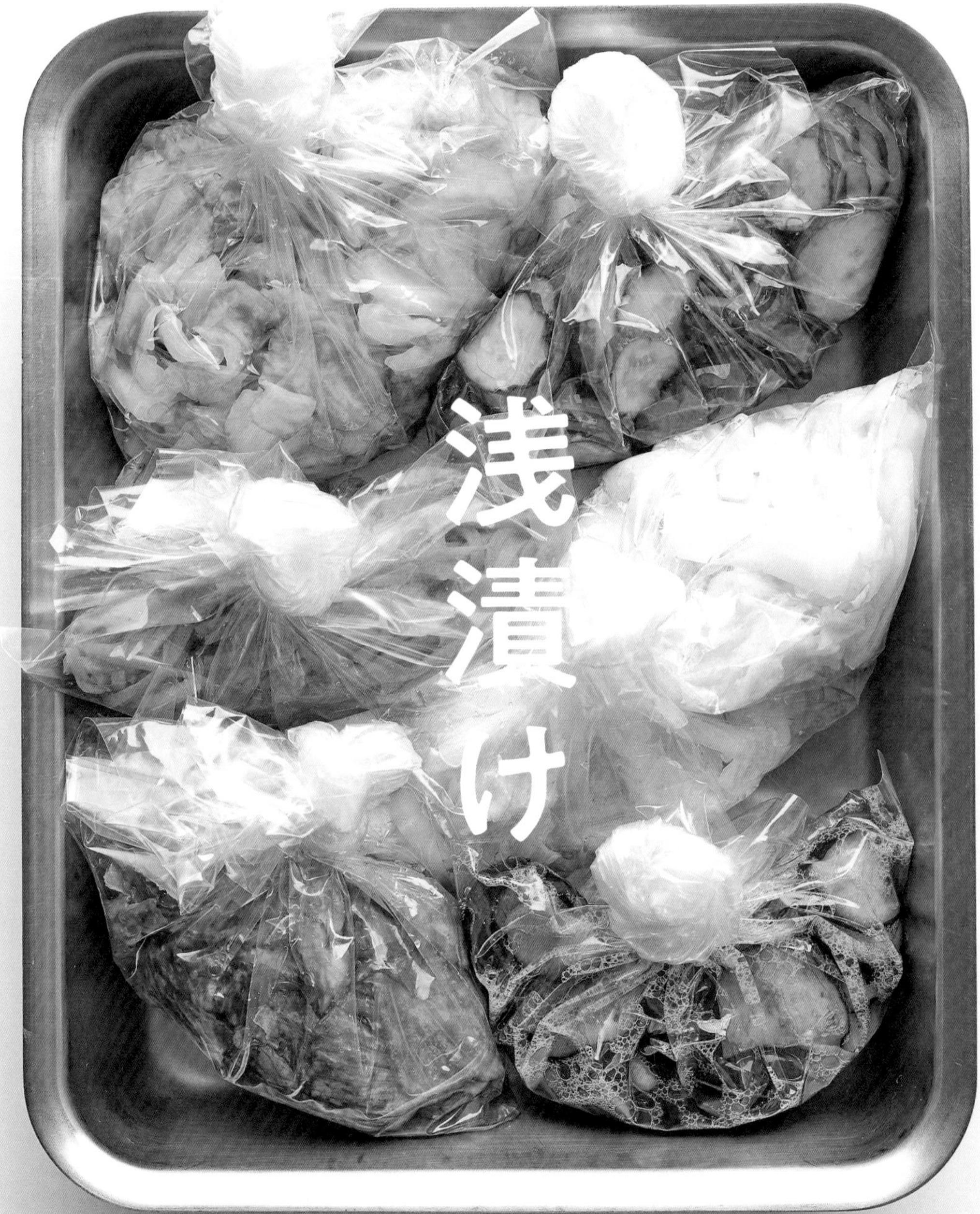

浅漬けのコツ

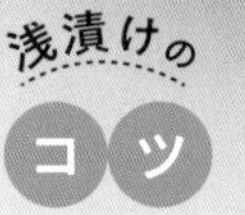

- 野菜の重さに対して1.5%の塩分(自然塩)が目安です。
- ポリ袋やジッパーつき保存袋で作ると、塩がまんべんなく野菜になじみます。
- 漬けてから30分以降が食べごろです。
- 冷蔵庫で3〜4日保存できます。
- 弁当箱に詰める前に、汁けをしっかりと絞りましょう。

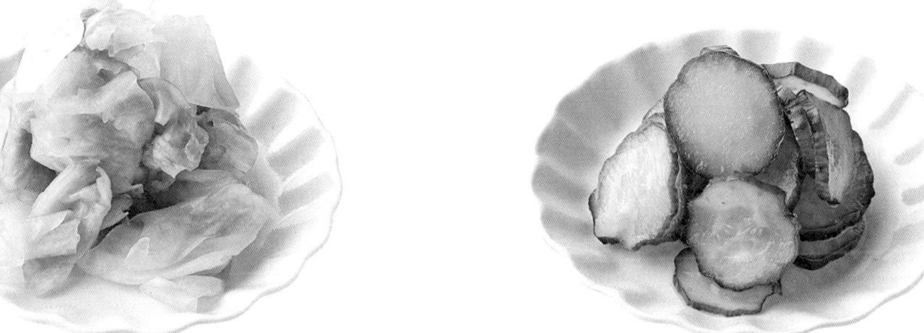

キャベツ

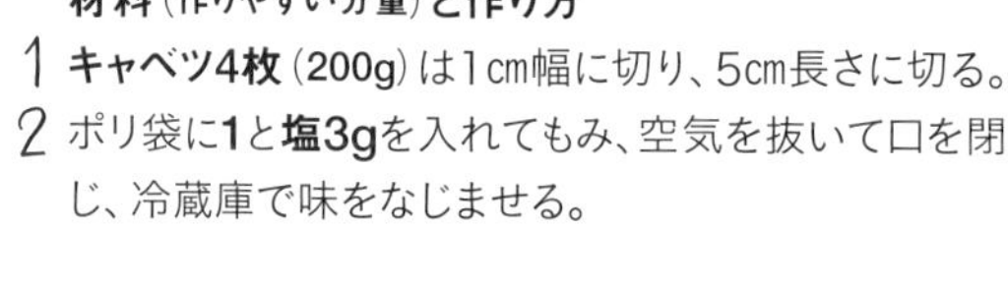

材料（作りやすい分量）**と作り方**

1 **キャベツ4枚**（200g）は1cm幅に切り、5cm長さに切る。

2 ポリ袋に**1**と**塩3g**を入れてもみ、空気を抜いて口を閉じ、冷蔵庫で味をなじませる。

きゅうり

材料（作りやすい分量）**と作り方**

1 **きゅうり1本**（100g）は2～3mm幅の薄い輪切りにする。

2 ポリ袋に**1**と**塩1.5g**を入れてもみ、空気を抜いて口を閉じ、冷蔵庫で味をなじませる。

にんじん

材料（作りやすい分量）**と作り方**

1 **にんじん½本**（75g）はせん切りにする。

2 ポリ袋に**1**と**塩1.2g**を入れてもみ、空気を抜いて口を閉じ、冷蔵庫で味をなじませる。

白菜

材料（作りやすい分量）**と作り方**

1 **白菜大2枚**（200g）は1cm幅に切り、5cm長さに切る。

2 ポリ袋に**1**と**塩3g**を入れてもみ、空気を抜いて口を閉じ、冷蔵庫で味をなじませる。

レタス

材料（作りやすい分量）**と作り方**

1 **レタス小⅙個**（100g）はひと口大にちぎる。

2 ポリ袋に**1**と**塩1.5g**を入れてもみ、空気を抜いて口を閉じ、冷蔵庫で味をなじませる。

なす

材料（作りやすい分量）**と作り方**

1 **なす1本**（75g）は2～3mm幅の半月切りにする。

2 ポリ袋に**1**と**塩1.2g**を入れてもみ、空気を抜いて口を閉じ、冷蔵庫で味をなじませる。

レンジおかず

かぼちゃや根菜など、火の通りにくい野菜はレンジ調理がおすすめ。
野菜の和えものと同じように、
卵焼きや主菜の前に作って、冷ましておきましょう。

れんこんのおかか煮

材料（1人分）
れんこん…¼節（50g）
A
- 削り節…大さじ½
- しょうゆ…小さじ½
- みりん…小さじ½
- 水…小さじ½

作り方
1 れんこんは皮をむいて5㎜幅のいちょう切りにし、さっと洗う。
2 耐熱ボウルに**1**を入れて**A**をまぶし、ラップをふんわりとかけて電子レンジで2分加熱する。そのまま2分ほどおいて蒸らす。
3 ラップを外して冷ます。

じゃがいものレンジ塩蒸し

材料（1人分）
じゃがいも…小½個（50g）
塩…ひとつまみ（0.5g）

作り方
1 じゃがいもは皮をむいてひと口大に切り、さっと洗う。
2 耐熱ボウルに**1**を入れて塩をまぶし、ラップをふんわりとかけて電子レンジで2分加熱する。そのまま2分ほどおいて蒸らす。
3 ラップを外して冷ます。

里いもの含め煮風

材料（1人分）
里いも…小1個（50g）
A
- 水…大さじ1
- 砂糖…小さじ½
- しょうゆ…小さじ¼
- 塩…ふたつまみ（小さじ⅕）

作り方
1 里いもは皮をむいて2～3等分に切る。
2 耐熱ボウルに**1**を入れて**A**をまぶし、ラップをふんわりとかけて電子レンジで2分加熱する（固い場合はさらに1分加熱する）。そのまま2分ほどおいて蒸らす。
3 ラップを外して冷ます。

かぼちゃの甘辛煮

材料（1人分）
かぼちゃ…50g
砂糖…小さじ½
しょうゆ…小さじ¼

作り方
1 かぼちゃは種とわたを取り除き、2㎝角に切ってさっと洗う。
2 耐熱ボウルに**1**を入れて砂糖、しょうゆをまぶし、ラップをふんわりとかけて電子レンジで2分加熱する。そのまま2分ほどおいて蒸らす。
3 ラップを外して冷ます。

PART 4

卵焼き器で作る2品目。

卵焼きとアレンジレシピ

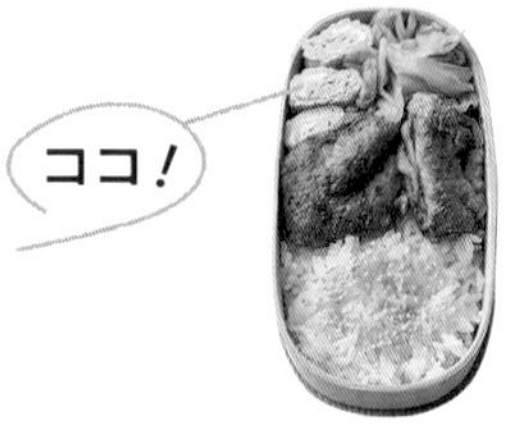

今も昔もお弁当に欠かせないのが、卵焼き。
卵1個あれば、1人分の卵焼きが作れます。
卵1個につき、水(またはだし汁など)大さじ1。
この割合を覚えておくと、スムーズです。

シンプルな卵焼きに飽きたときには
油をオリーブ油やごま油、バターに変えるだけでも風味が変わります。
もっと変化を出したいなら、
色々な調味料や具を加えたアレンジ卵焼きを作ってみましょう。
具は特別な下ごしらえのいらないものばかり。
味だけでなく、見た目にも変化が出て楽しいですよ。

卵1個でできるお弁当用卵焼きの作り方

「卵1個に水大さじ1」と覚えよう！

材料（1人分）
卵…1個
水…大さじ1
塩…ひとつまみ（0.5g）
サラダ油…小さじ½※

※サラダ油の代わりにオリーブ油やごま油、バター5gに変えてもおいしい。

1 卵を溶きほぐす

はじめに水と塩を混ぜ、

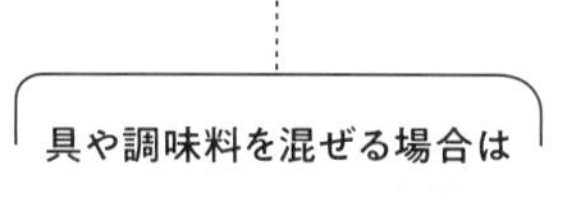

具や調味料を混ぜる場合は

ココで！

▼

調味料と水を先に混ぜると、卵に味がムラなく行き渡る！

卵を加えてよく溶きほぐす。

2 焼く

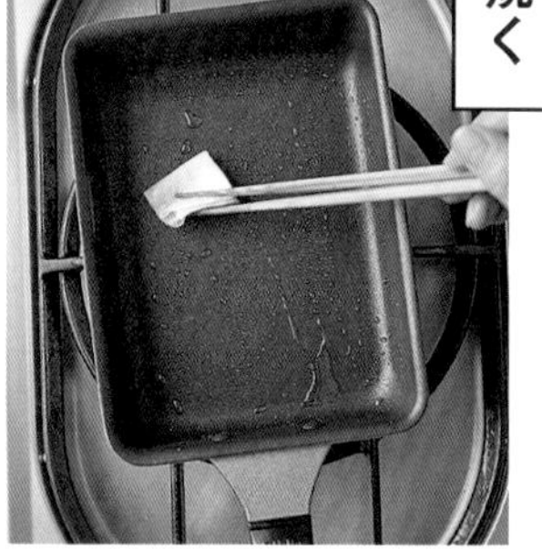

卵焼き器にサラダ油小さじ¼を強めの中火で熱し、ペーパータオルで全体に薄く広げる。

▼

卵液の半量を流し入れ、

▼

全体に薄く広げる。

ココで！

具を芯にする場合は

具をのせる場合は

箸でツンツンしながら卵焼き器からはがすように

▼

卵の表面が乾いてきたら、箸で奥から手前にくるくる巻く。

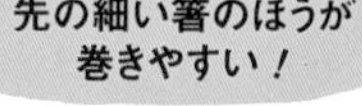

先の細い箸のほうが巻きやすい！

3 もう1回焼く

手前まで巻いた卵を奥に寄せ、サラダ油小さじ¼をペーパータオルで全体に薄く広げる。

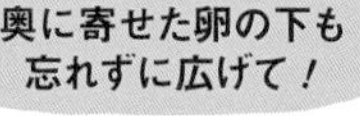

奥に寄せた卵の下も
忘れずに広げて！

▼

残りの卵液を流し入れ、全体に薄く広げる。

奥に寄せた
卵の下にも広げて！

▼

表面が乾いてきたら、1回目に焼いた卵を芯にして手前にくるくる巻く。

箸でツンツンしながら
転がすように！

▼

▼

巻き終わったら、箸で軽く押さえながら形を整え、焼き固める。

お弁当のおかずなので、
中までしっかり
火を通すこと

4 冷ます

卵焼きをバットに取り出し、冷ます。

▼

5 切る

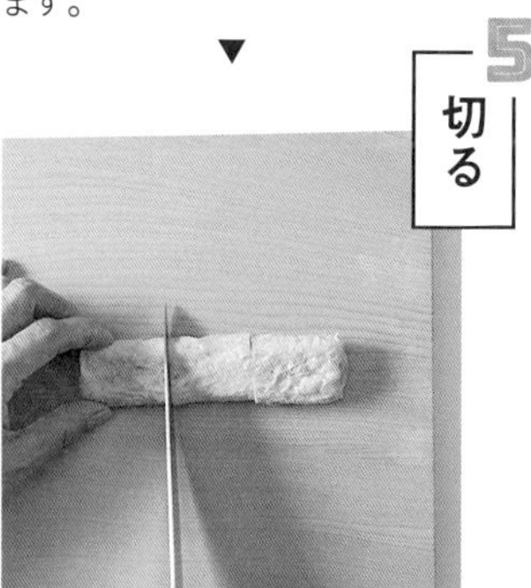

卵焼きを3等分に切る。

弁当箱からはみ出す場合は、
弁当箱の深さに合わせて
4等分にカットしてもOK！

キッチンにありそうなものでアレンジ

粉チーズ入り卵焼き

材料（1人分）

卵…1個

A
- 水…大さじ1
- 粉チーズ…大さじ1
- 塩…ひとつまみ（0.5g）

サラダ油…小さじ½

作り方

1 ボウルに**A**を入れて混ぜ、卵を加えて溶きほぐす。

2 卵焼き器を強めの中火にかけ、サラダ油小さじ¼を薄くひく。P.104〜105の要領で卵焼きを作る。バットに取り出して冷まし、3等分に切る。

カレーバター卵焼き

材料（1人分）

卵…1個

A
- 水…大さじ1
- カレー粉…小さじ⅓
- 塩…ひとつまみ（0.5g）

バター…5g

作り方

1 ボウルに**A**を入れて混ぜ、卵を加えて溶きほぐす。

2 卵焼き器にバター2.5gを入れて強めの中火にかける。バターが溶けたらP.104〜105の要領で卵焼きを作る。バットに取り出して冷まし、3等分に切る。

マヨ風味卵焼き

材料（1人分）

卵…1個

A
- 水…大さじ1
- マヨネーズ…大さじ1
- 塩…ひとつまみ（0.5g）

サラダ油…小さじ½

作り方

1 ボウルに**A**を入れて混ぜ、卵を加えて溶きほぐす。

2 卵焼き器を強めの中火にかけ、サラダ油小さじ¼を薄くひく。P.104〜105の要領で卵焼きを作る。バットに取り出して冷まし、3等分に切る。

梅バター卵焼き

材料（1人分）
卵…1個
梅干し…小1個
A［水…大さじ1
　 塩…少量
バター…5g

作り方

1 梅干しは種を取り除き、ちぎる。ボウルに梅干しと**A**を入れて混ぜ、卵を加えて溶きほぐす。

2 卵焼き器にバター2.5gを入れて強めの中火にかける。バターが溶けたらP.104〜105の要領で卵焼きを作る。バットに取り出して冷まし、3等分に切る。

紅しょうが入り卵焼き

材料（1人分）
卵…1個
A［水…大さじ1
　 紅しょうが…大さじ½
　 塩…少量
サラダ油…小さじ½

作り方

1 ボウルに**A**を入れて混ぜ、卵を加えて溶きほぐす。

2 卵焼き器を強めの中火にかけ、サラダ油小さじ¼を薄くひく。P.104〜105の要領で卵焼きを作る。バットに取り出して冷まし、3等分に切る。

ハム入り卵焼き

材料（1人分）
卵…1個
ハム…1枚
A［水…大さじ1
　 塩…ひとつまみ（0.5g）
サラダ油…小さじ½

作り方

1 ボウルに**A**を入れて混ぜ、卵を加えて溶きほぐす。ハムは幅を4等分に切る。

2 卵焼き器を強めの中火にかけ、サラダ油小さじ¼を薄くひく。卵液の半量を入れて全体に広げ、表面が乾いてきたらハムをのせ、手前に巻く。あとはP.105の要領で卵焼きを作る。バットに取り出して冷まし、3等分に切る。

おつまみ食材でアレンジ

なめたけ入り卵焼き

材料（1人分）
卵…1個
A［水…大さじ1 / なめたけ…大さじ1］
サラダ油…小さじ½

作り方
1 ボウルに**A**を入れて混ぜ、卵を加えて溶きほぐす。
2 卵焼き器を強めの中火にかけ、サラダ油小さじ¼を薄くひく。P.104～105の要領で卵焼きを作る。バットに取り出して冷まし、3等分に切る。

かにかま入り卵焼き

材料（1人分）
卵…1個
かに風味かまぼこ…1本
A［水…大さじ1 / 塩…ひとつまみ（0.5g）］
サラダ油…小さじ½

作り方
1 かに風味かまぼこは長さを3等分に切ってほぐす。ボウルにかにかまと**A**を入れて混ぜ、卵を加えて溶きほぐす。
2 卵焼き器を強めの中火にかけ、サラダ油小さじ¼を薄くひく。P.104～105の要領で卵焼きを作る。バットに取り出して冷まし、3等分に切る。

魚肉ソーセージ入り卵焼き

材料（1人分）
卵…1個
魚肉ソーセージ…1本
A［水…大さじ1 / 塩…ひとつまみ（0.5g）］
サラダ油…小さじ½

作り方
1 魚肉ソーセージは長さを卵焼き器の幅に切る。
2 ボウルに**A**を入れて混ぜ、卵を加えて溶きほぐす。
3 卵焼き器を強めの中火にかけ、サラダ油小さじ¼を薄くひく。卵液の半量を入れて全体に広げ、表面が乾いてきたら奥に魚肉ソーセージをのせ、芯にして卵を手前に巻く。あとはP.105の要領で卵焼きを作る。バットに取り出して冷まし、3等分に切る。

キムチ入り卵焼き

材料(1人分)

卵…1個

A
- 白菜キムチ(粗く刻んだもの)…大さじ2
- 水…大さじ1
- 塩…少量

サラダ油…小さじ½

作り方

1 ボウルに**A**を入れて混ぜ、卵を加えて溶きほぐす。

2 卵焼き器を強めの中火にかけ、サラダ油小さじ¼を薄くひく。P.104〜105の要領で卵焼きを作る。バットに取り出して冷まし、3等分に切る。

ザーサイ入り卵焼き

材料(1人分)

卵…1個

味つきザーサイ…20g

A
- 水…大さじ1
- 塩…ひとつまみ(0.5g)

サラダ油…小さじ½

作り方

1 ザーサイは粗く刻む。ボウルにザーサイと**A**を入れて混ぜ、卵を加えて溶きほぐす。

2 卵焼き器を強めの中火にかけ、サラダ油小さじ¼を薄くひく。P.104〜105の要領で卵焼きを作る。バットに取り出して冷まし、3等分に切る。

メンマ入り卵焼き

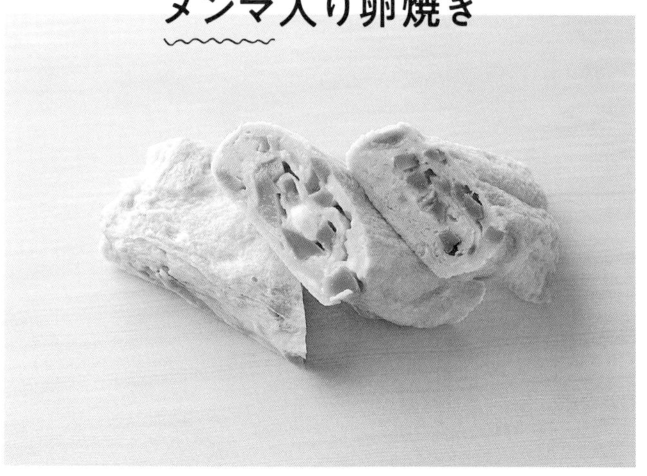

材料(1人分)

卵…1個

味つきメンマ…20g

A
- 水…大さじ1
- 塩…少量

サラダ油…小さじ½

作り方

1 メンマは2〜3等分に裂く。ボウルにメンマと**A**を入れて混ぜ、卵を加えて溶きほぐす。

2 卵焼き器を強めの中火にかけ、サラダ油小さじ¼を薄くひく。P.104〜105の要領で卵焼きを作る。バットに取り出して冷まし、3等分に切る。

海の幸でアレンジ

じゃこ入り卵焼き

材料（1人分）

卵…1個

A
- 水…大さじ1
- ちりめんじゃこ…大さじ1
- 塩…ひとつまみ（0.5g）

サラダ油…小さじ½

作り方

1 ボウルにAを入れて混ぜ、卵を加えて溶きほぐす。

2 卵焼き器を強めの中火にかけ、サラダ油小さじ¼を薄くひく。P.104〜105の要領で卵焼きを作る。バットに取り出して冷まし、3等分に切る。

明太子入り卵焼き

材料（1人分）

卵…1個

A
- 水…大さじ1
- 明太子（ほぐしたもの）…大さじ1

ごま油…小さじ½

作り方

1 ボウルにAを入れて混ぜ、卵を加えて溶きほぐす。

2 卵焼き器を強めの中火にかけ、ごま油小さじ¼を薄くひく。P.104〜105の要領で卵焼きを作る。バットに取り出して冷まし、3等分に切る。

のり巻き風卵焼き

材料（1人分）

卵…1個

焼きのり…½枚

A
- 水…大さじ1
- 砂糖…大さじ½
- しょうゆ…小さじ⅓

サラダ油…小さじ½

作り方

1 ボウルにAを入れて混ぜ、卵を加えて溶きほぐす。焼きのりは半分に切る。

2 卵焼き器を強めの中火にかけ、サラダ油小さじ¼を薄くひく。卵液の半量を入れて全体に広げ、表面が乾いてきたらのりを広げてのせ、手前に巻く。あとはP.105の要領で卵焼きを作る。バットに取り出して冷まし、3等分に切る。

桜えび入り卵焼き

材料（1人分）

卵…1個

A
- 水…大さじ1
- 桜えび（乾燥）…ふたつまみ
- 塩…ひとつまみ（0.5g）

サラダ油…小さじ½

作り方

1 ボウルにAを入れて混ぜ、卵を加えて溶きほぐす。

2 卵焼き器を強めの中火にかけ、サラダ油小さじ¼を薄くひく。P.104～105の要領で卵焼きを作る。バットに取り出して冷まし、3等分に切る。

あおさ入り卵焼き

材料（1人分）

卵…1個

あおさ（乾燥）…ひとつまみ（3g）

A
- 水…大さじ1
- 塩…ひとつまみ（0.5g）

サラダ油…小さじ½

作り方

1 あおさは水にくぐらせて絞る。ボウルにあおさとAを入れて混ぜ、卵を加えて溶きほぐす。

2 卵焼き器を強めの中火にかけ、サラダ油小さじ¼を薄くひく。P.104～105の要領で卵焼きを作る。バットに取り出して冷まし、3等分に切る。

昆布の佃煮入り卵焼き

材料（1人分）

卵…1個

A
- 水…大さじ1
- 昆布の佃煮…小さじ1
- 塩…ひとつまみ（0.5g）

サラダ油…小さじ½

作り方

1 ボウルにAを入れて混ぜ、卵を加えて溶きほぐす。

2 卵焼き器を強めの中火にかけ、サラダ油小さじ¼を薄くひく。P.104～105の要領で卵焼きを作る。バットに取り出して冷まし、3等分に切る。

うずら卵漬け

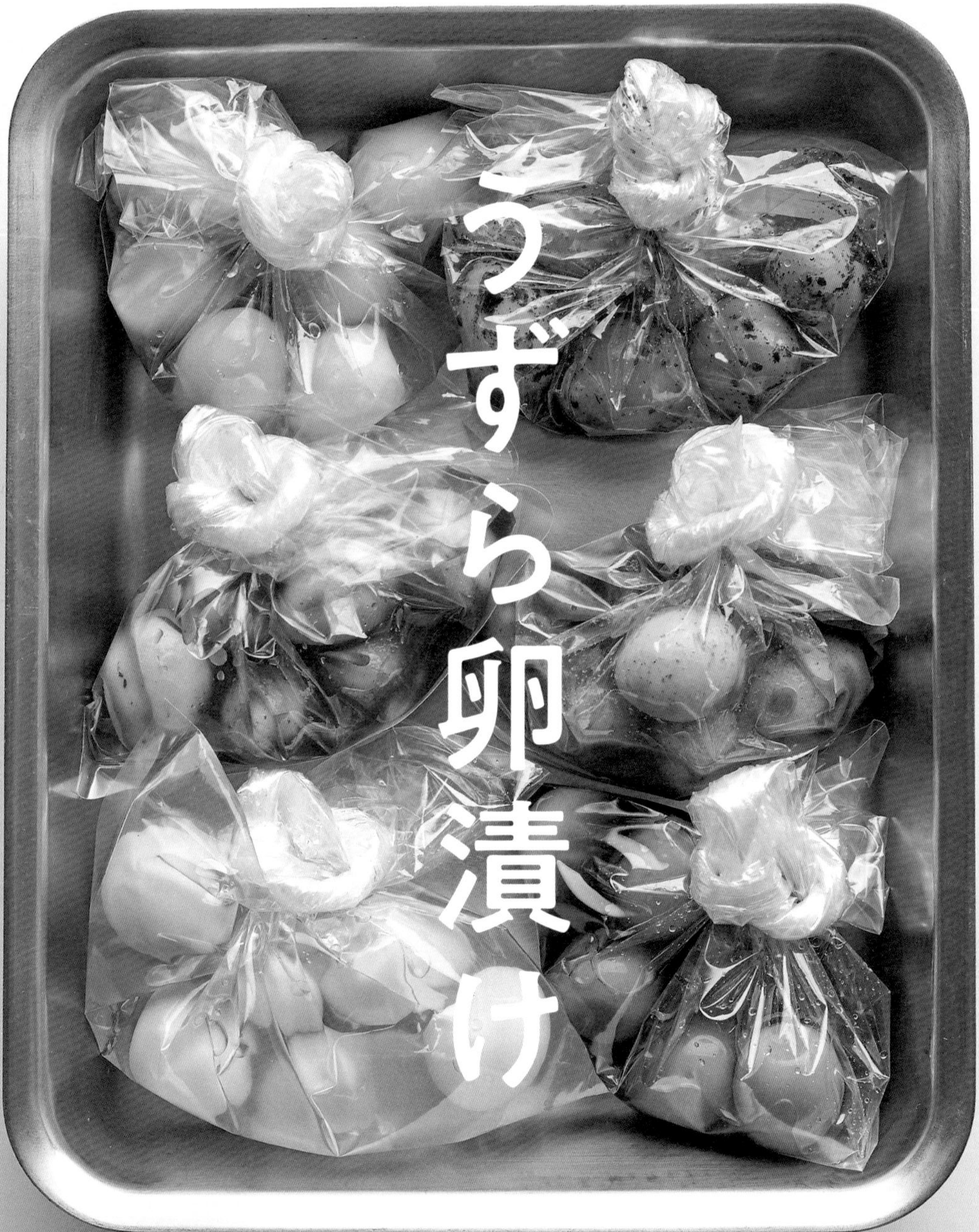

うずら卵漬けのコツ

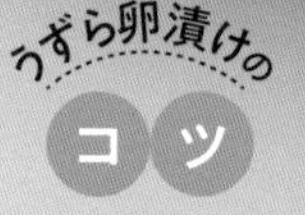

- ポリ袋やジッパーつき保存袋で作ると、味がまんべんなくうずら卵になじみます。
- 漬けてからひと晩以降が食べごろです。
- 冷蔵庫で3〜4日保存できます。
- 弁当箱に詰める前に、汁けをしっかりときりましょう。

コンソメ味

材料（作りやすい分量）**と作り方**

1 鍋に**水大さじ2、顆粒コンソメスープの素小さじ1**を入れて火にかける。煮立ったら火を止め、**うずら卵の水煮6個**を入れる。

2 **1**が冷めたらポリ袋に入れ、空気を抜いて口を閉じ、冷蔵庫で味をなじませる。

赤じそ味

材料（作りやすい分量）**と作り方**

1 鍋に**水大さじ1½、赤じそふりかけ小さじ1、酢小さじ½**を入れて火にかける。煮立ったら火を止め、**うずら卵の水煮6個**を入れる。

2 **1**が冷めたらポリ袋に入れ、空気を抜いて口を閉じ、冷蔵庫で味をなじませる。

サルサ味

材料（作りやすい分量）**と作り方**

1 鍋に**トマトケチャップ大さじ1½、酢大さじ½、一味唐辛子少量**を入れて火にかける。煮立ったら火を止め、**うずら卵の水煮6個**を入れる。

2 **1**が冷めたらポリ袋に入れ、空気を抜いて口を閉じ、冷蔵庫で味をなじませる。

カレー塩味

材料（作りやすい分量）**と作り方**

1 鍋に**水大さじ2、カレー粉小さじ1、塩小さじ⅓**を入れて火にかける。煮立ったら火を止め、**うずら卵の水煮6個**を入れる。

2 **1**が冷めたらポリ袋に入れ、空気を抜いて口を閉じ、冷蔵庫で味をなじませる。

ピクルス味

材料（作りやすい分量）**と作り方**

1 鍋に**水、酢各大さじ1、砂糖小さじ2、塩小さじ⅓**を入れて火にかける。煮立ったら火を止め、**うずら卵の水煮6個**を入れる。

2 **1**が冷めたらポリ袋に入れ、空気を抜いて口を閉じ、冷蔵庫で味をなじませる。

しょうゆみりん味

材料（作りやすい分量）**と作り方**

1 鍋に**水大さじ1、しょうゆ小さじ2、みりん小さじ1**を入れて火にかける。煮立ったら火を止め、**うずら卵の水煮6個**を入れる。

2 **1**が冷めたらポリ袋に入れ、空気を抜いて口を閉じ、冷蔵庫で味をなじませる。

番外編

時間がない日。元気がない日。

卵焼き器でどんぶり弁当

手間も時間も最小限に抑えた、卵焼き器で3品弁当。
それさえも作る時間がない日は
ご飯におかずをのせた「どんぶり」仕立てのお弁当で
調理時間を大幅カットしましょう。

メイン食材は2つ、加熱調理は1回。10分以内で作れます。
寝坊した日、体がだる〜い日、
イマイチやる気が出ない日は、
どんぶり弁当だって、いいんじゃない？

ハムと卵の塩こしょう炒め丼

朝食の「ハムエッグ」と同じ材料でお弁当を作ったらラクかも……ということで、できました！ふわっとやわらかい卵にハムの塩けがアクセント。ふたを開ければ再び朝を迎えたような、清々しい気持ちになります。

所要時間
約5分

材料（1人分）

ハム…2枚
卵…1個
A［水…大さじ1
　 塩…ひとつまみ（0.5g）
サラダ油…大さじ½
こしょう…少量
ご飯…150g

作り方

1 ご飯を弁当箱いっぱいに平らに詰め、そのまま置いて冷ます。
2 ハムは放射状に8等分に切る。
3 ボウルに**A**を入れて混ぜ、卵を加えて溶きほぐす。
4 卵焼き器にサラダ油を熱し、ハムを炒める。油がまわったら**3**の卵液を加え、大きく混ぜて火を通す。バットに取り出して冷ます。
5 ご飯の上に**4**をのせ、こしょうをふる。

▶きゅうりの
ピクルス（P.97）

ソーセージとブロッコリーのケチャップ煮丼

ソーセージごろごろ、ブロッコリーごろごろ。なかなかの食べごたえです。一味唐辛子のピリッとした辛みのおかげで、味が単調に感じることもなし。ケチャップ味の煮汁がとろりと絡んだ白いご飯も箸が止まらないおいしさ。

所要時間 約8分

材料（1人分）

ウインナーソーセージ…4本
ブロッコリー…1/6株（60g）
A
- 水…大さじ2
- トマトケチャップ…大さじ1
- 塩…ひとつまみ（0.5g）
- 一味唐辛子…少量

ご飯…150g

作り方

1 ご飯を弁当箱いっぱいに平らに詰め、そのまま置いて冷ます。
2 ソーセージは2〜3等分に切る。ブロッコリーはざく切りにする。
3 卵焼き器に**A**を入れて混ぜ、**2**を加えて火にかける。煮汁がとろりとするまで2〜3分煮て、さらに汁けをとばす。バットに取り出して冷ます。
4 ご飯の上に**3**をのせる。

うずら卵のカレー塩味漬け
（P.113）

ベーコンのキムチ炒め丼

うわっ、寝坊した！　でも、お弁当作らなきゃ！
そんなピンチの救世主が、こちら。
だって、ベーコンとキムチを炒めるだけだから。
食材の塩分や辛み、酸味で十分に味が決まるので改めて調味料で味つけする必要もありません。
2つの食材のうまみもしっかり楽しめます。

所要時間
約6分

材料（1人分）

ベーコン…2枚
白菜キムチ…50g
ごま油…小さじ1
ご飯…150g

作り方

1 ご飯を弁当箱いっぱいに平らに詰め、そのまま置いて冷ます。
2 ベーコンは5㎜幅に切る。キムチはざく切りにする。
3 卵焼き器にごま油とベーコンを入れて火にかけ、香りが出るまで炒める。キムチを加えてさっと炒める。バットに取り出して冷ます。
4 ご飯の上に**3**をのせる。

▶ カリフラワーの
ピクルス(P.97)

豚肉とピーマンのチンジャオ丼

おかずがたっぷりのっていて、見た目も豪華そう。
でも、食材は豚肉とピーマンだけ。
味つけも驚くほどシンプルだから、
切羽詰まったときにもチャチャッと作れます。
それにしても中華のおかずって、
どうしてこんなにご飯とよく合うんだろう。

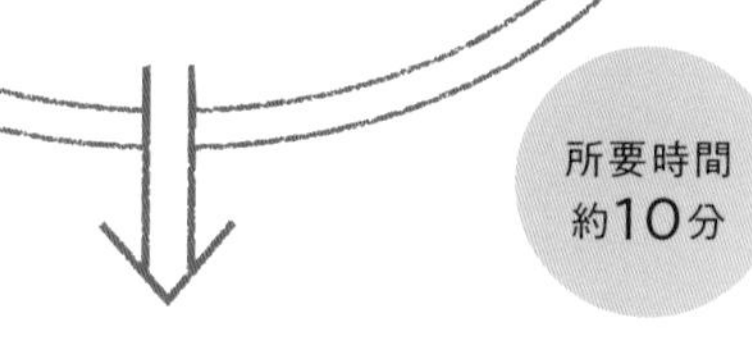

材料（1人分）

豚ロース薄切り肉…80g
ピーマン…2個
A しょうゆ…大さじ½
　みりん…小さじ1
　おろしにんにく…少量
サラダ油…小さじ1
ご飯…150g

作り方

1 ご飯を弁当箱いっぱいに平らに詰め、そのまま置いて冷ます。
2 豚肉は1㎝幅、5〜6㎝長さに切る。ピーマンは種とへたを取り除いて、縦1㎝幅に切る。
3 ボウルに豚肉を入れ、Aを絡める。
4 卵焼き器にサラダ油を熱し、3を入れてほぐす。ピーマンも加え、汁けがなくなるまで炒める。バットに取り出して冷ます。
5 ご飯の上に4をのせる。

▶ にんじんの浅漬け(P.99)

牛肉としめじのマヨしょうゆ炒め丼

冷蔵庫に残っていた牛肉としめじをマヨネーズとしょうゆで炒めた、冷めてもおいしい、こってり味のお弁当。牛肉のうまみが口の中に広がります。街の牛丼チェーンもいいけれど、手作りの牛丼弁当はやっぱりサイコー！

所要時間 約8分

材料（1人分）

牛切り落とし肉…80g
しめじ…½パック
マヨネーズ…大さじ1
しょうゆ…大さじ½
こしょう…少量
ご飯…150g

作り方

1 ご飯を弁当箱いっぱいに平らに詰め、そのまま置いて冷ます。

2 牛肉はひと口大にちぎる。しめじは石づきを切り落としてほぐす。

3 卵焼き器にマヨネーズを入れて火にかけ、半分ほど溶けたらしめじ、牛肉の順に入れて炒める。肉に火が通ったらしょうゆ、こしょうを加えて炒りつける。バットに取り出して冷ます。

4 ご飯の上に**3**をのせる。

炒めて

のせるだけ！

レタスの浅漬け(P.99)

お弁当の詰め方

ご飯とおかずを詰める順番で、お弁当の見ばえが変わります。
おいしそうに見える詰め方を、最後にもう一度おさらい。

1 ご飯

ご飯は温かいほうが詰めやすいけれど、冷めるまでに時間がかかります。調理を始める前に詰めておけば、おかずが完成する頃には冷めています。

⇩

2 卵焼き

まず形が決まっている卵焼きを詰めます。レシピでは「3等分に切る」としましたが、大きいようなら弁当箱の深さに合わせてカットして。切り口を上にすると見た目がきれいです。

3 主菜

おかずは完全に冷めてから詰めます。汁けはしっかりきること。仕切りのない弁当箱なら、ご飯の上に少しはみ出しても大丈夫。

⇩

4 野菜のおかず

お好みで梅干しやふりかけ、塩昆布などで、ご飯に彩りを足しても！

野菜のおかずも完全に冷めてから詰めましょう。すき間を埋めるようにぎゅっと詰めます。

お弁当の"傷み"を防ぐ4つのポイント

せっかく作ったお弁当だから、おいしく食べてもらいたい！
ご飯やおかずが傷まないよう、覚えておきたいポイントはこの4つです。

1
道具や弁当箱は清潔に

ボウルやバット、まな板など調理に使う道具や弁当箱は、雑菌が付着・繁殖しないように清潔に。お弁当を詰めるときも手を使わず、清潔な箸を使いましょう。

2
完全に火を通す

食材は中まで完全に火を通しましょう。半熟卵や生野菜もお弁当にはNG。しっかり加熱して（浅漬けなどの漬けものは、塩分がきいているので生でも傷みにくい）。

3
しっかり冷ます

ふたをしたときに熱や蒸気で傷まないように、ご飯は詰めてから冷まし、おかずはしっかり冷ましてから詰めましょう。

4
汁けをきる

おかずの汁けもお弁当が傷む原因になります。汁けが残っていたらペーパータオルで軽く押さえてから詰めましょう。

弁当箱のこと

幼稚園児や育ち盛りの男子学生以外なら、500mlの弁当箱がちょうどいいサイズ。材質は何でもよいですが、曲げわっぱや金属製の弁当箱だと、ご飯やおかずが蒸れにくく、傷みにくいのでおすすめです。味移りが気になる場合は紙カップにおかずを詰めるとよいでしょう。

娘二人のために15年ほどお弁当を作ってきました。
お弁当作りは毎日のこと。
朝から仕事で大忙しの日、体調が悪い日、
二日酔い(!?)の日……。
そんなときでも、誰かが代わりに
作ってくれるわけではありません。
さまざまな状況の中で、
どうすれば作る人にストレスがなく、
食べる人もうれしいお弁当を作れるのか、
試行錯誤してきました。
そうしてたどりついたひとつの結論が、
この1冊に詰まっています。
この本で、お弁当作りをされているすべての方に
「もっと気楽でいいんだよ」と
お伝えできればうれしいです。

料理　**藤井 恵**（ふじい・めぐみ）

雑誌、書籍、テレビなどで活躍する料理研究家、管理栄養士。著書は『藤井恵さんの体にいいごはん献立』『藤井恵さんの体にいい和食ごはん』『もやし100レシピ』（すべて小社刊）など多数。

藤井弁当

お弁当はワンパターンでいい！

2020年 2 月11日　第 1 刷発行
2024年 3 月19日　第15刷発行

著　者　藤井 恵
発行人　土屋 徹
編集人　滝口勝弘
発行所　株式会社Gakken
　　　　〒141-8416　東京都品川区西五反田2-11-8
印刷所　大日本印刷株式会社

※この本についての各種お問い合わせ先
■ 本の内容については下記サイトのお問い合わせフォームよりお願いします。
https://www.corp-gakken.co.jp/contact/
■ 在庫については　販売部直通　TEL03-6431-1250
■ 不良品（落丁、乱丁）については　TEL0570-000577
学研業務センター
〒354-0045 埼玉県入間郡三芳町上富279-1
■上記以外のお問い合わせは　TEL0570-056-710（学研グループ総合案内）

学研グループの書籍・雑誌についての新刊情報・詳細情報は、
下記をご覧ください。
学研出版サイト　https://hon.gakken.jp/

STAFF
デザイン　野澤享子
（パーマネント・イエロー・オレンジ）
撮影　鈴木泰介
スタイリング　大畑純子
校閲　草樹社
編集・構成　佐々木香織
企画・編集　小林弘美（学研プラス）
撮影協力　UTUWA